建筑业跨区域施工税收
操作指南
（2020版）

葛　刚　主编

中国建筑工业出版社

图书在版编目（CIP）数据

建筑业跨区域施工税收操作指南：2020 版 / 葛刚主编．—北京：中国建筑工业出版社，2020.1
ISBN 978-7-112-24801-8

Ⅰ.①建…　Ⅱ.①葛…　Ⅲ.①建筑业-税收管理-中国-指南
Ⅳ.①F812.423-62

中国版本图书馆 CIP 数据核字（2020）第 017956 号

为了让施工企业充分了解跨区域施工的相关税收政策，更好地进行税收管理和筹划，有效防范和化解税收风险，根据国家相关法规政策和工程项目税收缴纳实际情况进行了《建筑业跨区域施工税收操作指南（2020 版）》的研究和编写。

本书的编写参考了拉弗曲线等税收理论和国家、地方出台的建筑业相关法律法规，调研了有代表性的 10 多家大型建筑企业，对几十个典型项目的税收管理进行了实地考察和分析，得到了中国施工企业协会、天津市会计学会、厦门大学、中国社会科学院、中国石油天然气管道局有限公司、天津大港油田集团工程建设有限责任公司等单位的大力支持。

责任编辑：朱晓瑜
责任校对：赵听雨

建筑业跨区域施工税收操作指南（2020版）
葛　刚　主编
*
中国建筑工业出版社出版、发行（北京海淀三里河路9号）
各地新华书店、建筑书店经销
北京建筑工业印刷厂制版
北京圣夫亚美印刷有限公司印刷
*
开本：787×1092毫米　1/16　印张：10　字数：198千字
2020年1月第一版　2020年1月第一次印刷
定价：**38.00**元
ISBN 978-7-112-24801-8
（35011）

编 委 会

前　言

目前我国税收法律体系还不够健全和完善，跨区域施工还没有形成统一的法律规范，总机构所在地和施工所在地税务机关争夺税源的现象时有发生，企业对税收管理工作还不够重视，为了让施工企业充分了解跨区域施工的相关税收政策，更好的进行税收管理和筹划，有效防范和化解税收风险，根据国家的相关法规政策和工程项目税收缴纳的实际情况进行了《建筑业跨区域施工税收操作指南（2020 版）》的研究和编写。

在实务工作中，税务机关原则性比较强，执法一般也都比较教条，缺乏深入理解政策、合理灵活应用的指导；而中介机构为了吸引眼球，宣传的观点多是“过于激进、讲擦边球、过渡延伸”的理论。因此，企业对税收管理要有自己的观点和判断，《建筑业跨区域施工税收操作指南（2020 版）》阐述的主线就是“跨区域施工涉及到哪些税、该不该交、怎样把握要点进行简单的判断和分析、所依据的政策或理论，如何在降低税收成本的同时合理控制风险、有效应对各种稽查”。

本书的编写参考了拉弗曲线等税收理论和国家、地方出台的建筑业相关法律法规，调研了有代表性的 10 多家大型建筑企业，对几十个典型项目的税收管理进行了实地考察和分析，得到了中国施工企业协会、天津市会计学会、厦门大学、中国社会科学院、中国石油天然气管道局有限公司、天津大港油田集团工程建设有限责任公司等单位的大力支持。

当今时代是一个税法变革的时代，与时俱进是永远不变的主题，指南的编写和修订也是一个动态的、持续完善的过程，由于编写人员水平有限，疏漏和错误在所难免，希望广大建筑财税人员能够批评指正、积极献言献策，不断更新和升华《建筑业跨区域施工税收操作指南（2020 版）》，更好的为建筑施工企业税收管理提供支出和服务。

目　录

第 1 章　建筑业跨区域施工涉及的相关税费及应对解析

1.1　增值税属地预缴

1.1.1　具体预缴的税费内容

1. 一般纳税人一般征收属地预缴

一般纳税人按 2% 的税率在施工所在地进行属地预缴，计税基数为计划向业主开具发票的结算金额与收取的分包发票的差额。预缴完成后回到主管税务机关开具发票，按规定进行纳税申报并缴纳剩余 7% 的税金。

2. 简易征收属地预缴

简易征收按 3% 的税率在施工所在地进行属地预缴，计税基数为计划向业主开具发票的结算金额与收取的分包发票的差额。预缴完成后回到主管税务机关开具发票，按规定进行纳税申报（因建筑业简易征收的征收率为 3%，故无须再缴纳税金）。

建筑业小规模纳税人只能实行简易征收。对于建筑业一般纳税人选择简易征收是有条件的，适用情形、需要办理的手续、具体征收方式选择如下：

（1）适用情形

1）工程存在甲供材，这个甲供材没有明确必须是主材，只要在工程承包合同中明确有甲供材料存在且有实际领用记录即可。

2）清包工性质的工程。

3）2016 年 5 月 1 日前的老工程。

4）建筑工程总承包单位为房屋建筑的地基与基础、主体结构提供工程服务，建设单位自行采购全部或部分钢材、混凝土、砌体材料、预制构件的，适用简易计税方法计税。此种情形下必须采取简易征收不是可以选择。

5）一般纳税人销售自产机器设备的同时提供安装服务，应分别核算机器设备和安装服务的销售额，安装服务可以按照甲供工程选择适用简易计税方法计税。

一般纳税人销售外购机器设备的同时提供安装服务，如果已经按照兼营的有关规定，分别核算机器设备和安装服务的销售额，安装服务可以按照甲供工程选择适用简易计税方法计税。

6）建筑业一般纳税人提供仓储、装卸搬运、房屋出租等满足简易征收条件的其他非主营业务。

（2）手续办理

选择简易征收要到税务局进行备案，对于建筑服务实行一次备案制，企业只需对第一个简易征收项目备案，其余简易征收项目留存相关资料备查即可。因甲供材、清包工简易征收备案只需提供建筑工程承包合同（复印件），2016 年 5 月 1 日之前的老项目备案提供建筑工程承包合同（复印件）或《建筑工程施工许可证》（复印件）均可。

纳税人跨县（市）提供建筑服务适用或选择适用简易计税方法计税的，应按上述规定向机构所在地主管税务机关备案，建筑服务发生地主管税务机关无须备案。

（3）征收方式的具体选择

简易征收不见得一定比一般征收少缴纳税金，关键要看可抵扣的进项税额大小。有的机构甚至研究了公式或模型来解决征收方式选择问题，其实这个问题没那么复杂，万变不离其宗，只需要比较两种征收方式的预计税金缴纳金额即可，具体操作如下：

第一步：根据合同与预计变更情况预估项目收入，用预计收入乘以适用税率得出预计销项税额。

第二步：根据项目的预计资源消耗清单，结合项目组织方式和潜在供应商纳税人性质，计算得出可以抵扣的进项税额预估金额。

第三步：用预计销项金额减去预计进项金额得出一般征收方式下预计应缴纳的增值税金。

第四步：用预计收入乘以适用征收率得出简易征收方式下预计缴纳的增值税金。

第五步：将两种征收方式下预计缴纳的税金进行对比，选择金额小的征收方式。

1.1.2 政策与操作解析

1.《财政部 国家税务总局关于全面推开营业税改征增值税试点的通知》（财税〔2016〕36 号）中的规定

附件 2 《营业税改征增值税试点有关事项的规定》，明确了纳税人跨区域施工需要在施工所在地预缴增值税，并对预缴税率做了详细规定。

2.《财政部 税务总局关于建筑服务等营改增试点政策的通知》（财税〔2017〕58 号）中的规定

三、纳税人提供建筑服务取得预收款，应在收到预收款时，以取得的预收款扣除支付的分包款后的余额，按照规定的预征率预缴增值税。

按照现行规定应在建筑服务发生地预缴增值税的项目，纳税人收到预收款时在建筑服务发生地预缴增值税；按照现行规定无需在建筑服务发生地预缴增值税的项目，纳税人收到预收款时在机构所在地预缴增值税。

适用一般计税方法计税的项目预征率为 2%，适用简易计税方法计税的项目预征率为 3%。

虽然税法上对预收款预缴税金做了规定，但实际执行中税务机关一般不予收取（由于监管、系统、操作等问题）。税务上的预收款指的是未发生应税行为而收取的款项；对于已经开始施工的项目收取的预收款，性质上属于工程进度款的范畴，需要全额缴纳增值税（关于预收款的理解见《中华人民共和国增值税暂行条例》第一条和第十九条）。

3. 简易征收的第四种情形的政策依据

《财政部 税务总局关于建筑服务等营改增试点政策的通知》（财税〔2017〕58 号）第一条。

4. 简易征收的第五种情形的政策依据

《国家税务总局关于明确中外合作办学等若干增值税征管问题的公告》（国家税务总局公告 2018 年第 42 号）。

5. 简易征收备案相关内容的政策依据

《国家税务总局关于简化建筑服务增值税简易计税方法备案事项的公告》（国家税务总局公告 2017 年第 43 号）。

1.2　企业所得税属地预缴

1.2.1　具体预缴的税费内容

跨区域施工的项目部，应该按项目实际经营收入的 0.2% 缴纳企业所得税，此部分预缴的所得税在总机构年终汇算清缴时予以抵扣或办理退税。但实际执行中部分地区的税务机关只给予抵扣，没有所得税可抵时不给予退税，如：天津市在 2017 年才颁布《天津市地方税务局关于房产税和城镇土地使用税实行属地管理的公告》（天津市地方税务局公告 2017 年第 2 号）开始给予办理退税。

1.2.2　政策与操作解析

1.《国家税务总局关于跨地区经营建筑企业所得税征收管理问题的通知》（国税函

〔2010〕156 号）

三、建筑企业总机构直接管理的跨地区设立的项目部，应按项目实际经营收入的 0.2% 按月或按季由总机构向项目所在地预分企业所得税，并由项目部向所在地主管税务机关预缴。

五、建筑企业总机构应按照有关规定办理企业所得税年度汇算清缴，各分支机构和项目部不进行汇算清缴。总机构年终汇算清缴后应纳所得税额小于已预缴的税款时，由总机构主管税务机关办理退税或抵扣以后年度的应缴企业所得税。

2.《天津市国家税务局 天津市地方税务局关于跨地区经营建筑企业所得税相关征管问题的公告》（天津市国家税务局、天津市地方税务局公告 2017 年第 2 号）

三、存在以下情形的税款，在我市总机构汇总计算企业所得税时不予扣除：

（一）总机构直接管理的项目部在外地预分企业所得税超过项目实际经营收入 0.2% 的部分；

（二）总机构直接管理的项目部在外地取得完税凭证上没有注明税款是企业所得税性质的；

（三）实行核定征收企业所得税的建筑企业，其总机构直接管理的项目部在外地预分的企业所得税。

四、我市建筑企业总机构应按照有关规定办理企业所得税年度汇算清缴，由总机构直接管理的各项目部不进行汇算清缴。总机构年终汇算清缴后应纳所得税额小于已预缴的税款时，由总机构主管税务机关办理退税或抵扣以后年度的应缴企业所得税。

建筑企业总机构在办理企业所得税预缴和汇算清缴时，应附送其所直接管理的跨地区经营项目部就地预缴税款的完税证明。

五、我市建筑企业在天津市行政区域内跨区设立的项目部，统一汇总到总机构一并计算缴纳企业所得税。

1.3 随增值税一同预缴的增值税附加、政府性基金

增值税附加是地方政府（省级及以下）按增值税的一定比例提取的附加税费，因此其缴纳地点与增值税缴纳地点一致，属地预缴部分增值税所对应的增值税附加需要在施工所在地缴纳。增值税附加税主要包括：城建税、教育费附加、地方教育附加。有的地方政府为了满足财政需求，委托税务机关在征收增值税的同时代收地方政府性基金，不过随着国家减税降负政策推行的不断深入而逐渐取消，目前仅剩个别地方政府征收地方水利建设基金。下面对增值税附加和政府性基金进行详细介绍。

1.3.1　城市建设维护税

根据城市建筑规模设计税率：市区 7%，县城、镇 5%，其他地区 1%。税率特殊规定：开采海洋石油的中外合作油（气）田所在地海上 1%，中国铁路总公司 5%；建筑业跨区经营属地预缴增值税时，按预缴地税率执行。城建税的计税基数为属地缴纳的增值税额。

1.3.2　教育费附加

教育费附加全国统一执行 3% 的税率，计税基数为属地缴纳的增值税额。

1.3.3　地方教育附加

地方教育附加全国统一执行 2% 的税率，计税基数为属地缴纳的增值税额。

1.3.4　地方水利建设基金（防洪工程维护费）

地方水利建设基金不属于教育费附加，属于地方税务机关代收的政府性基金，以“增值税额或增值税计税基数”为计税基数，有的省制定了统一的标准，有的省由县一级税务机关自己制定标准。

（1）大部分地方不收取，或以前收取现在已经取消。例如：天津市在 2019 年以前按增值税 1% 的比例收取，《天津市财政局 国家税务总局天津市税务局关于停征防洪工程维护费的通知》（津财综〔2019〕3 号）规定取消收费。

目前不收取水利建设基金的地区：北京市各区县，天津市各区县，河北省各市区（河北省国税局回复没有收取的统一规定，黄骅市不收取，廊坊市电话回复不收取）、浙江省各市县［根据《浙江省财政厅浙江省地方税务局关于暂停向企事业单位和个体经营者征收地方水利建设基金的通知》（浙财综〔2016〕43 号）停征］、甘肃省庆阳市、江苏省淮安市、江苏省淮安市金湖县、江苏省常州市金坛区、江西省永新县、江西省吉安市吉州区、江西省瑞金市、四川省南充市嘉陵区、云南省曲靖市罗平县、云南省保山市隆阳区、福建省石狮市、山东省巨野县、贵州省遵义市国家经济技术开发区、辽宁省沈阳市新民市。

（2）仍在收取的地区：陕西靖边县按增值税 4% 的比例收取，陕西省定边县按增值税 3% 的比例收取，福建省按预缴增值税税基的 0.09% 比例收取。

1.3.5　增值税附加、政府性基金的相关优惠政策

对于小微企业（月营业额不超过 10 万元，季度不超过 30 万元）免征教育费附加、地方教育附加、水利建设基金；小规模纳税人 2019 年 1 月 1 日至 2010 年 12 月 31 日期间

50% 幅度内减征城建税、教育费附加、地方教育附加。具体政策依据为：

（1）根据《财政部 国家税务总局关于扩大有关政府性基金免征范围的通知》（财税〔2016〕12 号）规定：免征教育费附加、地方教育附加、水利建设基金的范围，由现行按月纳税的月销售额或营业额不超过 3 万元（按季度纳税的季度销售额或营业额不超过 9 万元）的缴纳义务人，扩大到按月纳税的月销售额或营业额不超过 10 万元（按季度纳税的季度销售额或营业额不超过 30 万元）的缴纳义务人。

（2）根据《财政部 税务总局关于实施小微企业普惠性税收减免政策的通知》（财税〔2019〕13 号）规定：2019 年 1 月 1 日至 2021 年 12 月 31 日，各省、自治区、直辖市人民政府根据本地区实际情况，以及宏观调控需要确定，对增值税小规模纳税人可以在 50% 的税额幅度内减征资源税、城市维护建设税、房产税、城镇土地使用税、印花税（不含证券交易印花税）、耕地占用税和教育费附加、地方教育附加。各省级税务机关大都以上线为标准制定了自己的减税方案，如：

①《天津市财政局、国家税务总局天津市税务局关于转发〈财政部 税务总局关于实施小微企业普惠性税收减免政策的通知〉的通知》（津财税政〔2019〕6 号）规定：2019 年 1 月 1 日至 2021 年 12 月 31 日，经报请市人民政府同意，对我市增值税小规模纳税人减按 50% 征收资源税（不含水资源税）、城市维护建设税、房产税、城镇土地使用税、印花税（不含证券交易印花税）、耕地占用税和教育费附加、地方教育附加。

②《陕西省财政厅 国家税务总局陕西省税务局关于贯彻实施小微企业普惠性税收减免政策的通知》（陕财税〔2019〕5 号）规定：对增值税小规模纳税人，按照 50% 的幅度减征资源税（不含水资源税）、城市维护建设税、房产税、城镇土地使用税、印花税、耕地占用税、教育费附加和地方教育附加。

1.4 可能属地预缴的印花税

目前印花税的各种法律法规均没有明确印花税纳税地点，在实务操作上，施工所在地的税务机关为了维护自身利益，往往在预缴增值税环节连带印花税一起扣缴。如果施工所在地税务机关扣缴了印花税，则要将缴税凭证直接留存或贴到合同上，在向主管税务机关申报缴税时直接抵扣缴纳差额即可。

1.4.1 印花税纳税地点

根据《中华人民共和国印花税暂行条例》第十条，在企业所在地或施工所在地的税务机关纳税均可。业界公认的纳税地点是合同签订地等纳税凭证生成地，间接的理论依

据为:

《中华人民共和国印花税暂行条例》第七条规定:“应纳税凭证应当于书立或者领受时贴花。”对于合同而言，正常的流程为在签订地点签署生效后，合同双方依据约定领取属于自己的那份，根据《中华人民共和国印花税暂行条例》第七条此时即发生了纳税义务，因此可以理解为:在合同签订地纳税。

1.4.2 印花税计税依据

《财政部 国家税务总局关于营改增后契税 房产税 土地增值税 个人所得税计税依据问题的通知》(财税〔2016〕43号)中没有提到印花税计税依据问题，主要是营改增之前，这一问题就已明确，没有变化。各地税务机关执行口径仍按照《中华人民共和国印花税暂行条例》规定，依据合同所载金额确定计税依据，合同中所载金额和增值税分开注明的，按不含增值税的合同金额确定计税依据，未分开注明的，以合同所载金额为计税依据。

1.4.3 印花税征收范围及税率

(1)购销合同0.03%，加工承揽合同0.05%，建设工程勘察、设计合同0.05%，建筑安装工程承包合同0.03%，财产租赁合同0.1%，货物运输合同0.05%，仓储、保管合同0.1%，借款合同0.005%，财产保险0.003%，技术合同0.03%。

(2)产权转移书据(0.05%)。

(3)营业账簿(记载资金的账簿，按固定资产原值与自有流动资金总额的0.05%贴花;其他账簿按件贴花5元)。

(4)权利、许可证照(按件贴花5元)。

(5)经财政部确定征税的其他凭证(按照发放凭证机构的要求贴花)。

政策依据为:《中华人民共和国印花税暂行条例》。

1.4.4 印花税的优惠政策

(1)小规模纳税人2019年1月1日至2021年12月31日期间50%幅度内减征印花税。政策依据为:《财政部 税务总局关于实施小微企业普惠性税收减免政策的通知》(财税〔2019〕13号)。

(2)自2018年5月1日起，对按万分之五税率贴花的资金账簿减半征收印花税，对按件贴花五元的其他账簿免征印花税。政策依据为:《财政部 税务总局关于对营业账簿减免印花税的通知》(财税〔2018〕50号)。

(3)下列凭证免纳印花税:

1）《中华人民共和国印花税暂行条例》第四条规定的免税事项：

① 已缴纳印花税的凭证的副本或者抄本；

② 财产所有人将财产赠给政府、社会福利单位、学校所立的书据；

③ 经财政部批准免税的其他凭证。《中华人民共和国印花税暂行条例施行细则》（财税字〔1988〕255号）明确了具体包括：国家指定的收购部门与村民委员会、农民个人书立的农副产品收购合同；无息、贴息贷款合同；外国政府或者国际金融组织向我国政府及国家金融机构提供优惠贷款所书立的合同。

2）其他免税事项：

① 对房地产管理部门与个人签订的用于生活居住的租赁合同免税。政策依据为:《国家税务局关于印花税若干具体问题的规定》（国税地字〔1988〕第025号）第3条。

② 对农牧业保险合同免税。

对该类合同免税，是为了支持农村保险事业的发展，减轻农牧业生产的负担。

③ 对特殊货运凭证免税。政策依据为:《国家税务局关于货运凭证征收印花税几个具体问题的通知》（国税发〔1990〕173号）。

这类凭证有：军事物资运输凭证，即附有军事运输命令或使用专用的军事物资运费结算凭证；抢险救灾物资运输凭证，即附有县级以上（含县级）人民政府抢险救灾物资运输证明文件的运费结算凭证；新建铁路的工程临管线运输凭证，即为新建铁路运输施工所需物料，使用工程临管线专用的运费结算凭证。

④ 托运单据：对铁路、公路、航运、水陆承运快件行李、包裹开具的托运单据，暂免贴花印花。政策依据为:《国家税务总局关于印花税若干具体问题的规定》（国税地字〔1988〕25号）。

⑤ 租赁合同：2020年12月31日前，对公共租赁住房租赁双方免征签订租赁协议涉及的印花税。政策依据为:《财政部 税务总局关于公共租赁住房税收优惠政策的公告》（财政部 国家税务总局公告2019年第61号）。

⑥ 房屋买卖合同对个人销售或购买住房暂免征收印花税。政策依据为:《财政部 国家税务总局关于调整房地产交易环节税收政策的通知》（财税〔2008〕137号）。

⑦ 小微企业借款合同：2020年12月31日前小型微型企业与金融机构签订的借款合同免印花税；小型微型企业按照《工业和信息化部 国家统计局 国家发展和改革委员会 财政部关于印发中小企业划型标准规定的通知》（工信部联企业〔2011〕300号）的有关规定执行。政策依据为:《财政部 税务总局关于支持小微企业融资有关税收政策的通知》（财税〔2017〕77号）。

⑧ 征订合同：图书、报纸、期刊以及音像制品各类发行单位之间，以及发行单位与订

阅单位或个人之间书立的征订凭证，暂免征印花税。政策依据为:《国家税务局关于图书、报刊等征订凭证征免印花税问题的通知》（国税地字〔1989〕142 号）。

⑨ 产权转移书据: 2018 年 12 月 31 日前，对饮水工程运营管理单位为建设饮水工程取得土地使用权而签订的产权转移书据，以及与施工单位签订的建设工程承包合同免征印花税。政策依据为:《财政部、国家税务总局关于继续实行农村饮水安全工程建设运营税收优惠政策的通知》（财税〔2016〕19 号）。股权分置改革过程中因非流通股股东向流通股股东支付对价而发生的股权转让，暂免征收印花税。政策依据为:《财政部 国家税务总局关于股权分置试点改革有关税收政策问题的通知》（财税〔2005〕103 号）。

企业因改制签订的产权转移书据免予贴花。政策依据为:《财政部 国家税务总局关于企业改制过程中有关印花税政策的通知》（财税〔2003〕183 号）。

对被撤销金融机构接收债权、清偿债务过程中签订的产权转移书据，免征印花税。政策依据为:《财政部 国家税务总局关于被撤销金融机构有关税收政策问题的通知》（财税〔2003〕141 号）。

对财产所有人将财产（物品）捐赠给北京冬奥组委所书立的产权转移书据免征应缴纳的印花税。政策依据为:《财政部 税务总局 海关总署关于北京 2022 年冬奥会和冬残奥会税收政策的通知》（财税〔2017〕60 号）。

⑩ 其他: 对北京冬奥组委使用的营业账簿和签订的各类合同等应税凭证，免征北京冬奥组委应缴纳的印花税。对国际奥委会、中国奥委会签订的与北京 2022 年冬奥会有关的各类合同，免征国际奥委会和中国奥委会应缴纳的印花税。对国际残奥委会取得的与北京 2022 年冬残奥会有关的收入免征增值税、消费税、企业所得税和印花税。对中国残奥委会根据《联合市场开发计划协议》取得的由北京冬奥组委分期支付的收入免征增值税、消费税、企业所得税和印花税。政策依据为:《财政部 税务总局 海关总署关于北京 2022 年冬奥会和冬残奥会税收政策的通知》（财税〔2017〕60 号）。

1.5 个人所得税

1.5.1 跨区域施工个人所得税缴纳的政策分析

跨省异地施工，需要在施工所在地全员全额申报缴纳个人所得税（停止企业所在地的申报缴纳，待施工结束后再恢复缴纳）；若不办理全员全额申报缴纳的，则施工所在地核定征收个人所得税，核定征收的个人所得税不作为个人的税款缴纳金额，需计入企业成本但不允许企业所得税前扣除；虽然办理了全员全额纳税申请，但因资料手续等问题未获批准的，则施工所在地核定征收个人所得税。

核定征收的个人所得税不作为个人税款缴纳金额的情况说明：虽然《国家税务总局关于建筑安装企业扣缴个人所得税有关问题的批复》（国税函〔2001〕505 号）规定了“已在异地扣缴个人所得税（不管采取何种方法计算）的，机构所在地主管税务机关不得再对在异地从事建筑安装业务而取得收入的人员实行查账或其他方式征收个人所得税”，但是大部分税务机关由于“税源可能流失、多处取得收入计税处理”等种种客观原因没有执行。2019 年个人综合所得汇算清缴后由于系统建设等原因目前仍不具备执行条件，因此大部分税务机关针对外地核定征收的个人所得税的政策都是“不作为个人税款缴纳金额而直接进成本”。

上述分析涉及的政策法规为：

《建筑安装业个人所得税征收管理暂行办法》；

《国家税务总局关于建筑安装业跨省异地工程作业人员个人所得税征收管理问题的公告》（国家税务总局公告 2015 年第 52 号）第二条；

《国家税务总局关于纳税人取得不含税全年一次性奖金收入计征个人所得税问题的批复》（国税函〔2005〕715 号）第三条；

《关于雇主为雇员承担全年一次性奖金部分税款有关个人所得税计算方法问题的公告》（国家税务总局公告 2011 年第 28 号）第四条；

《国家税务总局关于建筑安装企业扣缴个人所得税有关问题的批复》（国税函〔2001〕505 号）第一条。

1.5.2 个人所得税核定征收情况说明

个人所得税属地核定征收是随增值税属地预缴而征收的，征收金额由增值税计税基数乘以核定征收率得出，增值税计税基数在增值税环节已经做了介绍，下面就各省市的核定征收率进行介绍。

2010 年以前大都在工程结算金额的 1% 左右，但随着国家降税减负政策的推进，征收比例呈下降趋势，具体比例由各县级以上的税务机关制定，目前各地执行情况简介如下：

江西省执行最低 1%；浙江省执行最低 0.5%；福建省执行最低 0.5%；广东执行最低 0.4%；江苏省执行最低 0.4%；辽宁省沈阳市新民市执行最低 0.5%；天津执行最低 0.15%，政策依据《天津市地方税务局关于加强外地进津建筑安装企业个人所得税征收管理的公告》（天津市地方税务局公告 2012 年第 4 号）（虽然国家税合并，但该文件未发文作废，天津各税务机关仍然执行此标准）；内蒙古自治区 200 万元产值以下执行最低 0.75%，200 万元产值以上执行最低 0.5%（内蒙古正蓝旗地区针对以挂靠、分包、转包、承包等形式从事建筑安装的个人执行 1.3% 的比例），政策依据为《内蒙古自治区地方税务局关于印发核定征收个人所得税暂行办法的通知》（内地税字〔2007〕219 号）（虽然国地税合并，但该文件未发文作废）。

1.5.3　个人所得税全员全额申报缴纳情况说明

见本书 2.3 节。

1.5.4　跨区域施工个人所得税缴纳应注意的问题提示

（1）到外省市施工，向税务机关咨询时，如果在预缴增值税和附加税时没有同时代扣个人所得税，则没有必要主动办理全员汇算清缴。理论依据为:《建筑安装业个人所得税征收管理暂行办法》《国家税务总局关于建筑安装业跨省异地工程作业人员个人所得税征收管理问题的公告》（国家税务总局公告 2015 年第 52 号）是为了解决建筑业从业人员容易漏缴个人所得税和属地税源划分问题而颁布的，具有一定规模的正规企业已经依法设立了账簿并进行准确、完整的会计核算，在主管税务机关对全员进行了个人所得税代扣代缴，按程序办理了跨区域事项报告，不存在偷漏个人所得税的盲区，站在国家层面不存在税源流失的问题。因此，对于不缺税源的基层税务机关而言，没有必要利用《建筑安装业个人所得税征收管理暂行办法》或《国家税务总局关于建筑安装业跨省异地工程作业人员个人所得税征收管理问题的公告》（国家税务总局公告 2015 年第 52 号）来做文章，给自己增加麻烦。

陕西省榆林市、甘肃省庆阳市、河北省黄骅市、四川省南充市、云南省宝山市、云南省罗平县、贵州省遵义市、山东巨野县等县市不代征个人所得税。

（2）个税核定征收的标准由省级税务机关制定上下线，具体由县以上税务机关制定，一个省不同县市执行的标准一般差距不大，因此可以根据部分县市的核定征收率推出整个省的核定征收率。

（3）个人所得税全员全额申报通过“自然人税收管理系统扣缴客户端”计入个人所得税纳税记录；个人所得税核定征收与增值税附加税的预缴相同，随同增值税属地预缴一并缴纳并计入企业成本，不计入个人所得税纳税记录。

1.6　耕地占用税

根据《中华人民共和国耕地占用税法》，如果公司承揽的 EPC 等工程占用耕地的，需要缴纳耕地占用税，该税种由国家制定收费范围，具体标准由省级税务机关制定并报国家税务总局备案。但对于因建设项目施工或者地质勘查临时占用耕地，在批准临时占用耕地期满之日起一年内依法复垦，恢复种植条件的，可以申请全额退还已经缴纳的耕地占用税。

1.6.1 耕地占用税计税方法

《中华人民共和国耕地占用税法》规定：

第三条　耕地占用税以纳税人实际占用的耕地面积为计税依据，按照规定的适用税额一次性征收，应纳税额为纳税人实际占用的耕地面积（平方米）乘以适用税额。

第四条　耕地占用税的税额如下：

（一）人均耕地不超过一亩的地区（以县、自治县、不设区的市、市辖区为单位，下同），每平方米为十元至五十元；

（二）人均耕地超过一亩但不超过二亩的地区，每平方米为八元至四十元；

（三）人均耕地超过二亩但不超过三亩的地区，每平方米为六元至三十元；

（四）人均耕地超过三亩的地区，每平方米为五元至二十五元。

各地区耕地占用税的适用税额，由省、自治区、直辖市人民政府根据人均耕地面积和经济发展等情况，在前款规定的税额幅度内提出，报同级人民代表大会常务委员会决定，并报全国人民代表大会常务委员会和国务院备案。各省、自治区、直辖市耕地占用税适用税额的平均水平，不得低于本法所附《各省、自治区、直辖市耕地占用税平均税额表》规定的平均税额。

1.6.2 耕地占用税的加成征收、免征及其他事项

见《中华人民共和国耕地占用税法》。

1.7 城镇土地使用税

如果施工企业在当地注册的机构占用城镇土地，根据《中华人民共和国城镇土地使用税暂行条例》需要缴纳城镇土地使用税，税种由国家制定收费范围，具体标准由省级及以下政府部门制定，地方税务机关负责征收。

1.7.1 城镇土地使用税计税方法

《中华人民共和国城镇土地使用税暂行条例》规定：

第三条　土地使用税以纳税人实际占用的土地面积为计税依据，依照规定税额计算

征收。

前款土地占用面积的组织测量工作，由省、自治区、直辖市人民政府根据实际情况确定。

第四条 土地使用税每平方米年税额如下：

（一）大城市1.5元至30元；

（二）中等城市1.2元至24元；

（三）小城市0.9元至18元；

（四）县城、建制镇、工矿区0.6元至12元。

第五条 省、自治区、直辖市人民政府，应当在本条例第四条规定的税额幅度内，根据市政建设状况、经济繁荣程度等条件，确定所辖地区的适用税额幅度。

市、县人民政府应当根据实际情况，将本地区土地划分为若干等级，在省、自治区、直辖市人民政府确定的税额幅度内，制定相应的适用税额标准，报省、自治区、直辖市人民政府批准执行。

经省、自治区、直辖市人民政府批准，经济落后地区土地使用税的适用税额标准可以适当降低，但降低额不得超过本条例第四条规定最低税额的30%。经济发达地区土地使用税的适用税额标准可以适当提高，但须报经财政部批准。

1.7.2 城镇土地使用税的免征及其他事项

见《中华人民共和国城镇土地使用税暂行条例》。

1.8 工会经费

《中华人民共和国工会法》（2009年8月27日第十一届全国人民代表大会常务委员会第十次会议《关于修改部分法律的决定》第二次修正），第四十二条明确规定："建立工会组织的企业、事业单位、机关按每月全部职工工资总额的百分之二向工会拨缴的经费。"

《中国工会章程》（2018年10月26日，中国工会第十七次全国代表大会通过《关于〈中国工会章程（修正案）〉的决议》），第三十八条规定："县和县以上各级工会应当与税务、财政等有关部门合作，依照规定做好工会经费收缴和应当由财政负担的工会经费拨缴工作。未成立工会的企业、事业单位、机关和其他社会组织，按工资总额的百分之二向上级工会拨缴工会建会筹备金。"

百度百科中"工会经费"词条关于工会经费留成描述如下：按照"统一领导，分级管理"的原则，全国总工会对基层行政方面向工会拨交的经费，规定自上而下逐级上解形成各级工会的经费来源。各级工会经费留成比例为：基层工会的分成比例一般不少于60%，省、自治区、直辖市总工会和市、县总工会的分成比例不超过35%，具体各留多少，由省、自治区、直辖市总工会决定；5%上交全国总工会。

《河北省总工会落实全总办公厅〈关于加强基层工会经费收支管理的通知〉的意见》（冀工发〔2015〕6号）规定：基层工会留成60%，上缴上级工会40%。天津市总工会也是执行这个比例。

对于央企的驻地方直属企业而言，本单位留成60%，上缴上级工会组织40%。若上级管理单位和企业注册所在地分属于不同的省市，则二者协商40%的分成比例，如：天津的一家独立法人企业，是央企直属企业，向母公司工会上缴20%，向天津市总工会上缴20%。

跨区域施工，外省市税务局收取的工会经费属于40%上缴上级工会的部分，应从中抵减。但若协调上级工会无果，留存的60%工会经费又无力负担时，可以依据税务机关代收的缴费凭证直接计入成本，否则2%之外计提的工会经费是不允许所得税前扣除的（要缴纳25%的企业所得税）。

江西省永新县按上缴增值额的6%缴纳工会经费，江西省吉安市吉州区按上缴增值额的6%缴纳工会经费，江西省瑞金市按上缴增值额的6%缴纳工会经费，四川省南充市嘉陵区按上缴增值额的5%缴纳工会经费。

注意：工会经费的管理不像税法那么严格，工会章程也低于法律，因此出于企业自身利益考虑，如果上级工会组织没有要求缴纳40%（包含向多个上级工会组织分别上缴会费的情形），则没有必要主动上缴。

1.9 资源税

1.9.1 资源税的相关政策规定

《中华人民共和国资源税法》对资源税的征收做了具体规定，主要内容如下：

（1）在中华人民共和国领域和中华人民共和国管辖的其他海域开发应税资源的单位和个人，为资源税的纳税人，应当依照本法规定缴纳资源税。

（2）针对资源税税目税率表（表1-1）中列举名称的“能源矿产、金属矿产、非金属矿产、水气矿产、盐”5个一级税目、33个子税目进行征税。

（3）纳税时点：纳税义务发生时间为收讫销售款或者取得索取销售款凭据的当日；自用应税产品的，纳税义务发生时间为移送应税产品的当日。

资源税按月或者按季申报缴纳；不能按固定期限计算缴纳的，可以按次申报缴纳。纳税人按月或者按季申报缴纳的，应当自月度或者季度终了之日起 15 日内，向税务机关办理纳税申报并缴纳税款；按次申报缴纳的，应当自纳税义务发生之日起 15 日内，向税务机关办理纳税申报并缴纳税款。

（4）纳税地点：纳税人应当向应税产品开采地或者生产地的税务机关申报缴纳资源税。

（5）资源税计算方法及减免税政策见《中华人民共和国资源税法》。

资源税税目税率表　　**表 1-1**

<table>
<tr><th colspan="3">税　目</th><th>征税对象</th><th>税　率</th></tr>
<tr><td rowspan="7">能源矿产</td><td colspan="2">原油</td><td>原矿</td><td>6%</td></tr>
<tr><td colspan="2">天然气、页岩气、天然气水合物</td><td>原矿</td><td>6%</td></tr>
<tr><td colspan="2">煤</td><td>原矿或者选矿</td><td>2% ～ 10%</td></tr>
<tr><td colspan="2">煤成（层）气</td><td>原矿</td><td>1% ～ 2%</td></tr>
<tr><td colspan="2">铀、钍</td><td>原矿</td><td>4%</td></tr>
<tr><td colspan="2">油页岩、油砂、天然沥青、石煤</td><td>原矿或者选矿</td><td>1% ～ 4%</td></tr>
<tr><td colspan="2">地热</td><td>原矿</td><td>1% ～ 20% 或者每立方米 1 ～ 30 元</td></tr>
<tr><td rowspan="11">金属矿产</td><td>黑色金属</td><td>铁、锰、铬、钒、钛</td><td>原矿或者选矿</td><td>1% ～ 9%</td></tr>
<tr><td rowspan="10">有色金属</td><td>铜、铅、锌、锡、镍、锑、镁、钴、铋、汞</td><td>原矿或者选矿</td><td>2% ～ 10%</td></tr>
<tr><td>铝土矿</td><td>原矿或者选矿</td><td>2% ～ 9%</td></tr>
<tr><td>钨</td><td>选矿</td><td>6.5%</td></tr>
<tr><td>钼</td><td>选矿</td><td>8%</td></tr>
<tr><td>金、银</td><td>原矿或者选矿</td><td>2% ～ 6%</td></tr>
<tr><td>铂、钯、钌、锇、铱、铑</td><td>原矿或者选矿</td><td>5% ～ 10%</td></tr>
<tr><td>轻稀土</td><td>选矿</td><td>7% ～ 12%</td></tr>
<tr><td>中重稀土</td><td>选矿</td><td>20%</td></tr>
<tr><td>铍、锂、锆、锶、铷、铯、铌、钽、锗、镓、铟、铊、铪、铼、镉、硒、碲</td><td>原矿或者选矿</td><td>2% ～ 10%</td></tr>
<tr><td rowspan="4">非金属矿产</td><td rowspan="4">矿物类</td><td>高岭土</td><td>原矿或者选矿</td><td>1% ～ 6%</td></tr>
<tr><td>石灰岩</td><td>原矿或者选矿</td><td>1% ～ 6% 或者每吨（或者每立方米）1 ～ 10 元</td></tr>
<tr><td>磷</td><td>原矿或者选矿</td><td>3% ～ 8%</td></tr>
<tr><td>石墨</td><td>原矿或者选矿</td><td>3% ～ 12%</td></tr>
</table>

续表

税目			征税对象	税率
非金属矿产	矿物类	萤石、硫铁矿、自然硫	原矿或者选矿	1% ~ 8%
		天然石英砂、脉石英、粉石英、水晶、工业用金刚石、冰洲石、蓝晶石、硅线石（矽线石）、长石、滑石、刚玉、菱镁矿、颜料矿物、天然碱、芒硝、钠硝石、明矾石、砷、硼、碘、溴、膨润土、硅藻土、陶瓷土、耐火黏土、铁矾土、凹凸棒石黏土、海泡石黏土、伊利石黏土、累托石黏土	原矿或者选矿	1% ~ 12%
		叶蜡石、硅灰石、透辉石、珍珠岩、云母、沸石、重晶石、毒重石、方解石、蛭石、透闪石、工业用电气石、白垩、石棉、蓝石棉、红柱石、石榴子石、石膏	原矿或者选矿	2% ~ 12%
		其他黏土（铸型用黏土、砖瓦用黏土、陶粒用黏土、水泥配料用黏土、水泥配料用红土、水泥配料用黄土、水泥配料用泥岩、保温材料用黏土）	原矿或者选矿	1% ~ 5% 或者每吨（或者每立方米）0.1 ~ 5 元
	岩石类	大理岩、花岗岩、白云岩、石英岩、砂岩、辉绿岩、安山岩、闪长岩、板岩、玄武岩、片麻岩、角闪岩、页岩、浮石、凝灰岩、黑曜岩、霞石正长岩、蛇纹岩、麦饭石、泥灰岩、含钾岩石、含钾砂页岩、天然油石、橄榄岩、松脂岩、粗面岩、辉长岩、辉石岩、正长岩、火山灰、火山渣、泥炭	原矿或者选矿	1% ~ 10%
		砂石	原矿或者选矿	1% ~ 5% 或者每吨（或者每立方米）0.1 ~ 5 元
	宝玉石类	宝石、玉石、宝石级金刚石、玛瑙、黄玉、碧玺	原矿或者选矿	4% ~ 20%
水气矿产	二氧化碳气、硫化氢气、氦气、氡气		原矿	2% ~ 5%
	矿泉水		原矿	1% ~ 20% 或者每立方米 1 ~ 30 元
盐	钠盐、钾盐、镁盐、锂盐		选矿	3% ~ 15%
	天然卤水		原矿	3% ~ 15% 或者每吨（或者每立方米）1 ~ 10 元
	海盐			2% ~ 5%

注：水资源税的缴纳随着水资源税改革试点的推进而逐步实施，目前河北、北京、天津、山西、内蒙古、山东、河南、四川、陕西、宁夏等10省（市、区）进行了水资源税试点工作。

1.9.2 跨区域施工是否涉及资源税缴纳问题分析

在施工所在地采购矿产品时若取得了增值税发票，则不需要代扣代缴资源税。目前各省市的执行情况是：资源税改革之前部分地区代扣代缴资源税，改革后将逐渐取消。如江西省永新县2017年4月以前按0.2%的比例收取，2017年4月以后不再收取。政策依据为：《资源税征收管理规程》（国家税务总局公告2018年第13号发布）规定：

第二条 纳税人开采或者生产资源税应税产品，应当依法向开采地或者生产地主管税务机关申报缴纳资源税。

第十八条 购买未税矿产品的单位，应当主动向主管税务机关办理扣缴税款登记，依法代扣代缴资源税。

资源税代扣代缴的适用范围应限定在除原油、天然气、煤炭以外的，税源小、零散、不定期开采等难以在采矿地申报缴纳资源税的矿产品。对已纳入开采地正常税务管理或者在销售矿产品时开具增值税发票的纳税人，不采用代扣代缴的征管方式。

1.10 环境保护税

1.10.1 环境保护税的相关政策

1. 纳税义务人

《中华人民共和国环境保护税法》第二条规定："直接向环境排放应税污染物的企业事业单位和其他生产经营者为环境保护税的纳税人，应当依照本法规定缴纳环境保护税。"

2. 纳税地点及税收管辖机构

《中华人民共和国环境保护税法》第十七条规定："纳税人应当向应税污染物排放地的税务机关申报缴纳环境保护税。"

《中华人民共和国环境保护税法实施条例》第十七条规定："环境保护税法第十七条所称应税污染物排放地是指：

（一）应税大气污染物、水污染物排放口所在地；

（二）应税固体废物产生地；

（三）应税噪声产生地。"

《中华人民共和国环境保护税法实施条例》第十八条规定："纳税人跨区域排放应税污染物，税务机关对税收征收管辖有争议的，由争议各方按照有利于征收管理的原则协商解决；不能协商一致的，报请共同的上级税务机关决定。"

《中华人民共和国环境保护税法》第十四条规定："环境保护税由税务机关依照《中华人民共和国税收征收管理法》和本法的有关规定征收管理。

环境保护主管部门依照本法和有关环境保护法律法规的规定负责对污染物的监测管理。

县级以上地方人民政府应当建立税务机关、环境保护主管部门和其他相关单位分工协作工作机制，加强环境保护税征收管理，保障税款及时足额入库。"

3．征税对象

《中华人民共和国环境保护税法》第三条规定："本法所称应税污染物，是指本法所附《环境保护税税目税额表》《应税污染物和当量值表》规定的大气污染物、水污染物、固体废物和噪声。"

4．纳税时间

《中华人民共和国环境保护税法》关于纳税时间规定如下：

第十六条　纳税义务发生时间为纳税人排放应税污染物的当日。

第十八条　环境保护税按月计算，按季申报缴纳。不能按固定期限计算缴纳的，可以按次申报缴纳。

1.10.2　跨区域施工是否涉及环境保护税缴纳问题分析

环境保护税的监测管理部门是施工所在地的环保部门。施工所在地的企业和在施工所在地注册的分支机构直接纳入环保部门监管，跨区域施工（未在施工所在地注册机构）一般不会列入环保部门直接监管征税的范畴，办理环境和工程相关审批的业主会作为环保税的直接监管对象。

因此只要采取各种环保施工举措，使扬尘、固体废物、水污染物排放等数值控制在合理范围内，一般无须缴纳环境保护税。

第 2 章　建筑业跨区域施工需要办理的相关手续解析

2.1　关于跨区域施工组织机构的相关要求

2.1.1　没有必须注册分支机构、子公司的要求

跨区域施工采取什么样的组织机构由企业根据自身管理需要确定，没有必须在施工所在地设立分公司或子公司的要求。

2.1.2　政策依据

（1）《住房城乡建设部关于做好建筑企业跨省承揽业务监督管理工作的通知》（建市〔2013〕38 号）第一条规定："各级住房城乡建设行政主管部门应当严格执行国家相关法律、法规，给予外地建筑企业与本地建筑企业同等待遇，严禁设置地方壁垒。不得对外地企业设立审批性备案和借用备案名义收取费用；不得强制要求外地企业在本地注册独立子公司、分公司；不得强行扣押外地备案企业和人员的相关证照资料；不得要求企业注册所在地住房城乡建设主管部门或其上级主管部门出具相关证明等。"

（2）《财政部 国家税务总局 住房城乡建设部关于进一步做好建筑行业营改增试点工作的意见》（税总发〔2017〕99 号）第二条第（七）项明确规定："坚决打破区域市场准入壁垒，任何地区和单位不得违法限制或排斥本地区以外的建筑企业参加工程项目投标，严禁强制或变相要求外地建筑企业在本地设立分公司或子公司。"

（3）国家发展改革委、财政部、商务部、国家工商行政管理总局、国务院法制办会同有关部门研究制定的《公平竞争审查制度实施细则（暂行）》（发改价监〔2017〕1849 号印发）第十五条规定："不得排斥或限制外地经营者参加本地招标投标活动；不得排斥、限制或者强制外地经营者在本地投资或者设立分支机构。"

（4）《住房和城乡建设部办公厅关于支持民营建筑企业发展的通知》（建办市〔2019〕8 号）第二条规定："地方各级住房和城乡建设主管部门要给予外地民营建筑企业与本地建筑企业同等待遇，不得擅自设置任何审批和备案事项，不得要求民营建筑企业在本地区注

册设立独立子公司或分公司。”

根据以上政策文件的规定，地方政府强行设置市场进入壁垒，强制或变相要求外地建筑企业在本地设立分公司或子公司，争夺税源，是一种违法行为。情节严重者，是破坏社会主义经济秩序的行为，是政府的一种不作为的行为，如果发现，施工企业可以向上一级的城乡建设厅（局）举报，情节严重者，将被视为黑社会势力的保护伞，坚决予以打击。

2.2　跨区域涉税事项报告办理

根据《国家税务总局关于创新跨区域涉税事项报验管理制度的通知》（税总发〔2017〕103号）、《国家税务总局关于明确跨区域涉税事项报验管理相关问题的公告》（国税总局公告2018年第38号），跨区域施工的企业需要办理跨区域涉税事项报告。国家税务总局出台相关文件的目的是为了合理划分税源，明确中央、地方、企业三者在属地税收上的权利义务关系，为跨区域施工企业减轻地方阻力和相关负担。企业办理的目的是为了在施工所在地合理缴纳预缴增值税以及以预缴增值税为基数计算预缴的增值税附加、企业所得税、印花税等，规避滞纳金、税收罚款、纳税信用等级下调等税收风险。

2.2.1　省内（自治区、直辖市和计划单列市）跨区域临时从事生产经营活动

根据《国家税务总局关于创新跨区域涉税事项报验管理制度的通知》（税总发〔2017〕103号），是否办理跨区域涉税事项报告由省级税务机关确定，一般的省市都要求办理。以天津市为例，介绍一下办理方法。

1. 登录外出经营网上管理系统

（1）登录天津市税务局官网，点击“我要办税”访问电子税务局网页，如图2-1所示。

图2-1　天津税务局官网

（2）选择登录方式进入电子税务局，以软密钥登录为例，如图 2-2 所示。

图 2-2　软密钥登录

（3）登录后点击“我要办税—综合信息报告—税源信息报告—跨区域税源信息报告”中的“跨区域涉税事项报告”或“跨区域涉税事项报验和信息反馈”进入外出经营网上管理系统首页（推荐使用 360 浏览器极速模式），如图 2-3 所示。

图 2-3　进入外出经营网上管理系统

2. 跨区域涉税事项报告开具操作流程

（1）点击左侧菜单中“新办”，进入跨区域涉税事项报告表办理页面，如图 2-4 所示。

图 2-4 外出经营网上管理系统（一）

（2）点击绿色“添加”按键，进入跨区域涉税事项报告表开具页面，填入信息点橙色“保存”按键，如图 2-5 所示。

图 2-5 外出经营网上管理系统（二）

（3）保存成功后点击灰色“上传资料”按键，弹出上传资料窗口，点击蓝色“选取文件”按键上传营业执照或税务登记证，然后点击绿色“上传到服务器”按键完成资料上传，如图 2-6 所示。

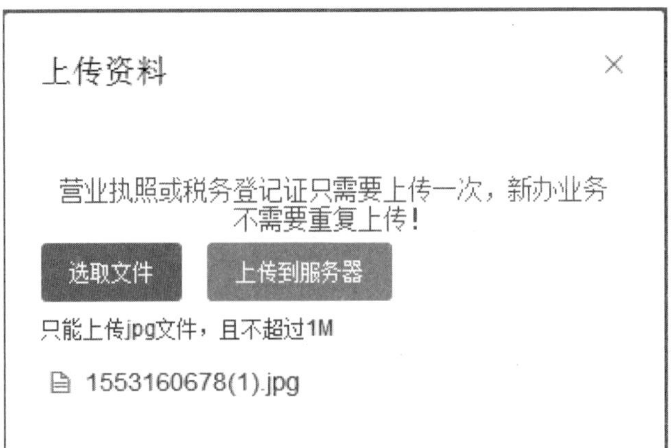

图 2-6 上传资料

（4）核对信息无误，点击蓝色“提交”按键，完成跨区域涉税事项报告表开具，如图 2-7 所示。

图 2-7　跨区域涉税事项报告表

（5）提示成功后，点击绿色“打印”按键，预览打印跨区域涉税事项报告表，如图 2-8 所示。

图 2-8　报告表预览

3. 跨区域涉税事项报验登记操作流程

（1）在“新办”页面点击右侧蓝字“报验”，如图 2-9 所示。

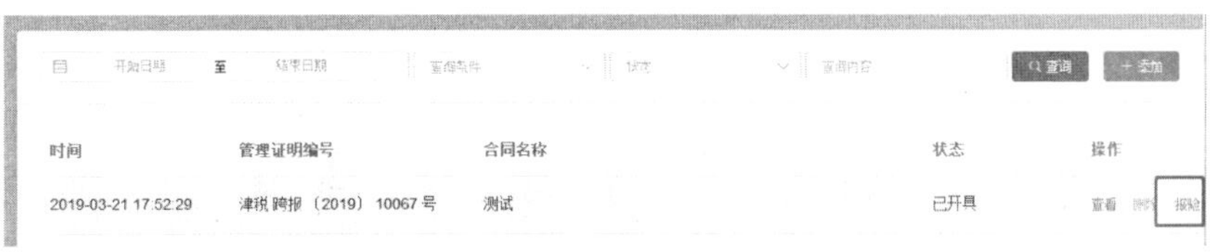

图 2-9　报验

或者点击左边功能菜单中的“报验”，点击绿色“添加”按键，弹出输入窗口，输入信息点击蓝色“确定”按键，如图 2-10 所示。

图 2-10　输入信息

（2）进入报验登记页面，填写信息，点击橙色“保存”按键，如图 2-11 所示。

图 2-11　报验登记页面

（3）跨区域涉税事项报告表开具时已上传资料，报验时无须再次上传，直接点击蓝色“提交”按键，完成报验登记，如图 2-12 所示。

图 2-12　完成报验登记

（4）报验成功后点击左边菜单的“综合办理”，在此页面可以看到已开具、已报验的信息，同时可以办理申报预缴、反馈、缴销业务，并查看业务状态，如图 2-13 所示。

图 2-13 综合办理

4. 申报预缴

（1）在“综合办理”页面点击蓝字“查看申报记录”，进入增值税及附征税、印花税申报预缴页面，如图 2-14 所示。

图 2-14 增值税及附征税、印花税申报预缴页面

（2）点击绿色“添加”按键进入增值税及附征税、印花税申报表填写页面，如图 2-15 所示。

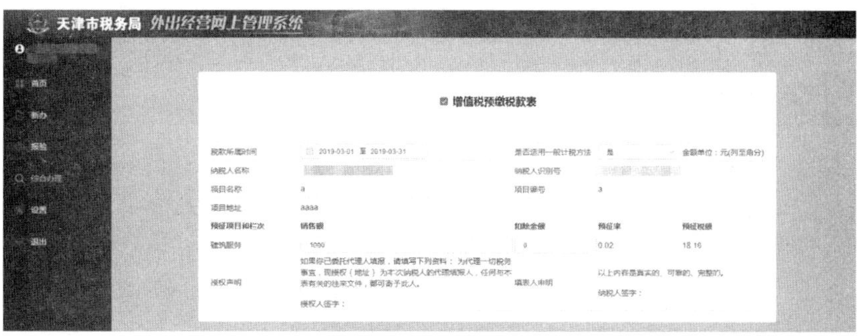

图 2-15 申报表填写页面（一）

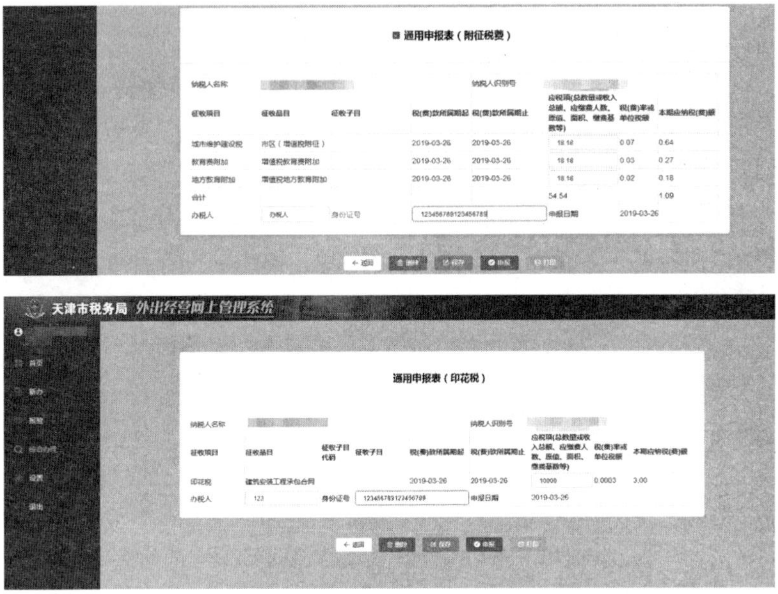

图 2-15 申报表填写页面（二）

（3）填写完毕后，点击橙色“保存”按键。需要注意的是如果只申报增值税及附征税的其中一个，要在表单 **通用申报表（附征税费）** 和 **增值税预缴税款表** 上把不申报的“√”去掉再填写需要申报的表单，如图 2-16 所示。

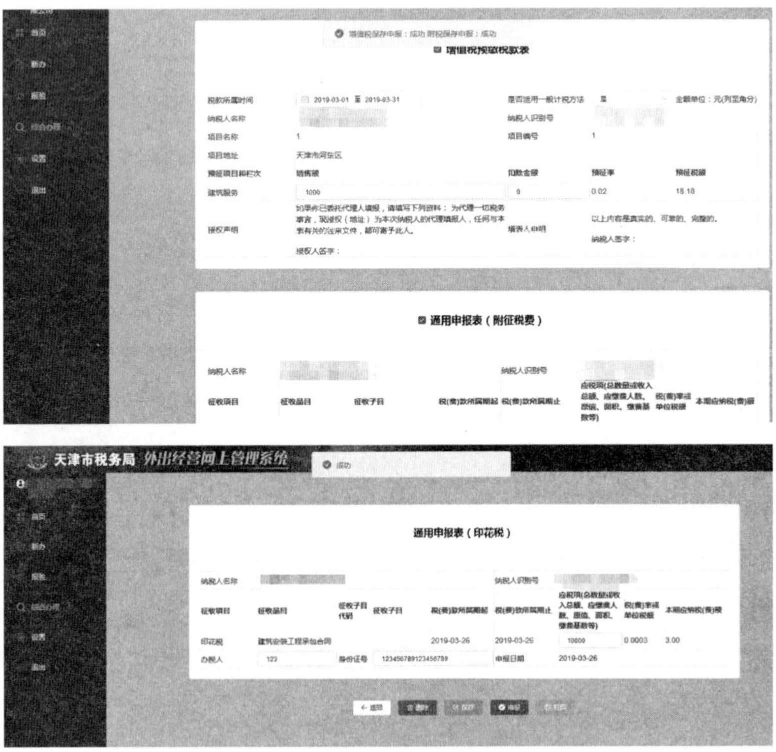

图 2-16 选择印花税申报

（4）确认无误后再点击蓝色“申报”按键，即可完成增值税及附征税、印花税申报，如图 2-17 所示。

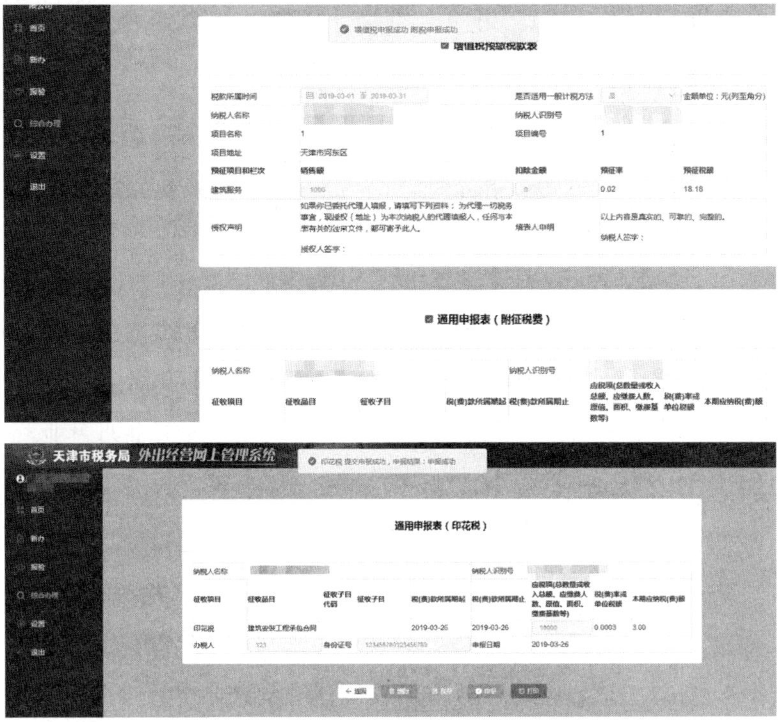

图 2-17　完成增值税、附征税、印花税申报

（5）申报成功后返回申报预缴页面，可以看到增值税及附征税、印花税的申报状态和扣款状态，如图 2-18 所示。

图 2-18　返回申报预缴页面

（6）点击增值税及附征税、印花税扣款状态下面的蓝字“尚未扣款”，出现选择扣款方式窗口，根据需要自行选择扣款方式，如图 2-19 所示。银联为跳转银联支付网页进行支付；银联扫码为使用手机 APP 扫描二维码支付；三方协议需纳税人先签订三方协议并且为验证通过状态才能使用；工商银联扫码只能使用工行 APP 扫描二维码支付。

图 2-19　选择扣款方式

选择银联后，点击“选好了”，然后点击蓝字“开始扣款流程”，会跳转到银联支付网页，如图 2-20 所示。

图 2-20　选择银联支付

选择银联扫码或工商银行扫码后，点击“选好了”，出现二维码，使用手机 APP 进行扫码缴款，如图 2-21 所示。

图 2-21　选择银联扫码

选择三方协议后，点击“选好了”，会出提示，点击蓝色“确定”进行缴款，如图 2-22 所示。

图 2-22　选择三方协议

（7）扣款成功后增值税及附征税、印花税扣款状态会变成已扣款，如图 2-23 所示。

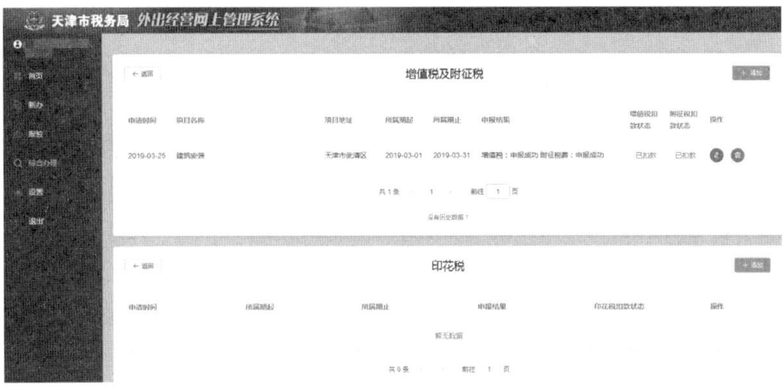

图 2-23　扣款成功

（8）点击扣款状态下的蓝字“已扣款”，进行电子缴款凭证的预览打印，如图 2-24 所示。

图 2-24　电子缴款凭证

5. 跨区域涉税事项信息反馈

（1）点击左边菜单的“综合办理”，在页面中找到需要反馈的管理证明编号，点击对应的蓝字“未完成反馈”，进入反馈页面，如图 2-25 所示。

图 2-25　进入反馈页面

（2）填写经营地涉税事项反馈表，点击橙色“保存”按键，如图 2-26 所示。

图 2-26　填写经营地涉税事项反馈表

（3）保存成功后核对无误点击蓝色“提交”按键。税务局工作人员审核通过后，反馈结果显示为成功，审核不通过反馈结果显示为税务局工作人员填写的原因，如图 2-27 所示。

图 2-27　审核通过

（4）审核通过后可以点击绿色“打印”按键，预览打印《经营地涉税事项反馈表》，如图 2-28 所示。

图 2-28　预览反馈表

（5）在“综合办理”页面看到反馈和缴销栏已显示日期，表示跨区域涉税事项报告表已核销，如图 2-29 所示。

图 2-29　涉税事项报告表已核销

6. 跨区域涉税事项报验登记缴销

（1）在“综合办理”页面点击蓝字“未完成缴销”，进入缴销页面，如图 2-30 所示。正常情况下跨区涉税事项报告表反馈后会自动核销，无须再进行缴销操作；外出经营活动管理证明反馈后需要进行缴销操作。

图 2-30　未完成缴销

（2）显示表单后，点击橙色：“保存”按键，如图 2-31 所示。

图 2-31　显示表单

（3）保存成功后点击灰色“上传资料”按键，弹出上传资料窗口，点击蓝色“选取文件”按键上传完税凭证，然后点击绿色“上传到服务器”按键完成资料上传，如图 2-32 所示。

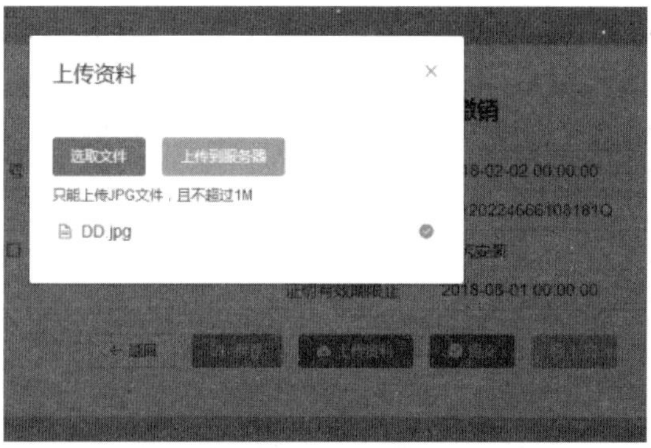

图 2-32　完成资料上传

（4）资料上传成功后点击蓝色“提交”按键，会弹出提示，点击蓝色“确定”按键，完成缴销，如图 2-33、图 2-34 所示。

图 2-33　提交表单

图 2-34　缴销成功

（5）在“综合办理”页面，看到缴销栏已显示日期，表示已完成缴销，如图 2-35 所示。

图 2-35　完成缴销

2. 2. 2　纳税人跨省（自治区、直辖市和计划单列市）临时从事生产经营活动

根据《国家税务总局关于创新跨区域涉税事项报验管理制度的通知》（税总发〔2017〕103 号），跨省施工必须办理跨区域涉税事项报告，具体流程如下：

1. 办理流程

（1）纳税人向机构所在地的税务机关填报《跨区域涉税事项报告表》。在办理报告开具时，需上传的资料一般仅为营业执照或税务登记证。特别说明：根据《国家税务总局关于明确跨区域涉税事项报验管理相关问题的公告》（国家税务总局公告 2018 年第 38 号），《跨区域事项报告表》以合同期限为最长有效期，超过合同期限的需要办理延期。但在具体执行中，由于税务系统目前只允许办理一次延期，超出期限后只能注销《跨区域事项报告表》后再重新开具，给纳税人和税务机关均带来很多麻烦，因此税务机关默许的做法是：纳税人在办理《跨区域涉税事项报告表》时，根据实际生产经营需求预估期限作为合同经营的有效期，即使超过了合同期限一般也不予追究（在报告的开具、校验时不上传合同；在税款预缴环节有的地区要求上传合同，但仅核对金额等预缴相关的内容，不核对合同期限）。

（2）纳税人首次在经营地办理涉税事宜时，向经营地的税务机关报验跨区域涉税事项。在办理报验时，一般不需要上传资料（因为开具时已经上传了）。

（3）纳税人根据开票需要，在经营地进行申报预缴。在办理申报预缴时，有的地区要求上传合同（如重庆），有的地区不要求上传资料（如天津）。

（4）纳税人跨区域经营活动结束后，应当结清经营地税务机关的应纳税款以及其他涉税事项，向经营地的税务机关填报《经营地涉税事项反馈表》；经营地的税务机关核对《经营地涉税事项反馈表》后，及时将相关信息反馈给机构所在地的税务机关。纳税人不需要另行向机构所在地的税务机关反馈。一般需要上传：外经证项下的工程结算书、所开的销项发票、完税凭证等相关证明材料。

（5）正常情况下跨区涉税事项报告表反馈后会自动核销，无须再进行缴销操作，但由于系统原因等某些特殊情况下无法自动核销的，需要在系统里缴销或到经营地税务局手动核销，因此反馈完成后要到系统里看一下是否缴销，若显示“未完成缴销”状态，则需进行缴销操作。

另外，实行跨区域事项报告制度之前办理的外出经营活动管理证明，反馈后需要进行缴销操作，目前天津市政策如下：对于本省跨区域的外经证实行网上缴销，对于跨省的外经证只能到大厅办理缴销。

在办理缴销时，若通过系统办理，则根据系统提示进行操作，一般需要上传完税凭证；若通过大厅办理，则需提供工程决算书（或类似的结算资料）、主包发票、完税凭证、分包抵扣发票等资料。

2. 政策依据

《国家税务总局关于明确跨区域涉税事项报验管理相关问题的公告》（国家税务总局公告2018年第38号）及各省级税务机关的流程设置。

3. 具体操作解读

（1）跨区域涉税事项报告开具操作步骤

1）天津企业

第一步：登录天津市税务局官网，点击“我要办税”访问电子税务局网页，如图2-36所示。

图2-36 天津税务局官网

第二步：选择登录方式进入电子税局，以软密钥登录为例，如图 2-37 所示。

图 2-37　软密钥登陆

第三步：登录后点击“我要办税—综合信息报告—税源信息报告—跨区域税源信息报告”中的“跨区域涉税事项报告”或“跨区域涉税事项报验和信息反馈”进入外出经营网上管理系统首页（推荐使用 360 浏览器极速模式），如图 2-38 所示。

图 2-38　进入外出经营网上管理系统

第四步：在外出经营管理系统中，进行跨区域涉税事项报告开具。

① 点击左侧菜单中“新办”，进入跨区域涉税事项报告表办理页面，如图 2-39 所示。

图 2-39　外出经营网上管理系统（一）

② 点击绿色“添加”按键，进入跨区域涉税事项报告表开具页面，填入信息点橙色“保存”按键，如图 2-40 所示。

图 2-40　外出经营网上管理系统（二）

③ 保存成功后点击灰色“上传资料”按键，弹出上传资料窗口，点击蓝色“选取文件”按键上传营业执照或税务登记证，然后点击绿色“上传到服务器”按键完成资料上传，如图 2-41 所示。

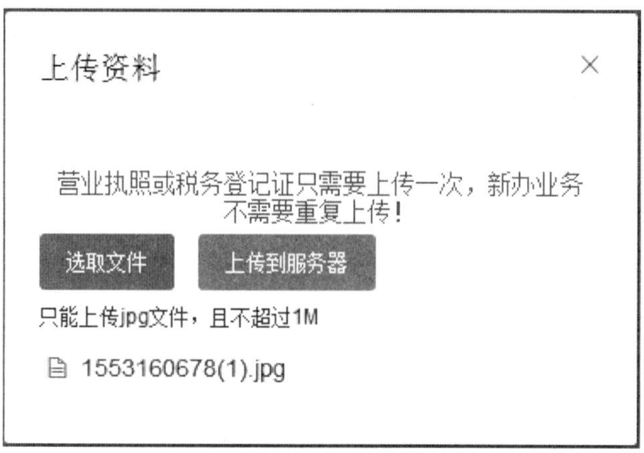

图 2-41　上传资料

④ 核对信息无误，点击蓝色“提交”按键，完成跨区域涉税事项报告表开具，如图 2-42 所示。

图 2-42　跨区域涉税事项报告表

⑤ 提示成功后，点击绿色“打印”按键，预览打印跨区域涉税事项报告表，如图 2-43 所示。

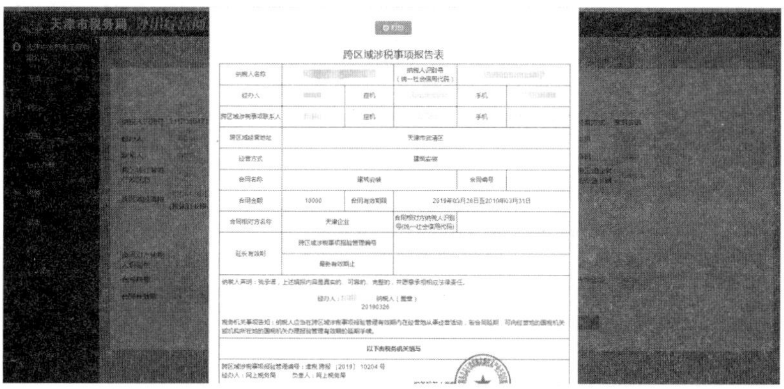

图 2-43　报告表预览

2）其他地区企业

与天津市类似，登录所属省市的税务局官网，通过网上税务局，按照所在地区网上办税的相关规定进行操作。

（2）跨区域涉税事项报验登记

1）办税人实名注册

重庆地区为：微信关注“重庆税务”注册自然人账号，同时绑定企业信息。

目前有些地区（如天津）对于外出经营企业还未要求办税人单独实名注册，而是登录后在系统里进行实名注册，或者没有要求进行实名注册，但根据大趋势早晚要进行实名办税注册。

2）电脑登录施工所在地电子税务局

重庆地区为：https ：//etax.chongqing.chinatax.gov.cn/。

天津地区为：登录天津市税务局官网，点击“我要办税”访问电子税务局网页。以游客登录，点击“我要办税—外出来津跨区域经营管理”，进入“外出经营网上管理系统”，点击“非天津市企业首次使用请注册”页面，填写信息后点击注册，注册成功后直接登录。

3）根据网上提示进行跨区域涉税事项报验登记

① 重庆地区操作为：

第一步：登录自然人账号，选择跨区域设施事项办理模块，如图 2-44 所示。

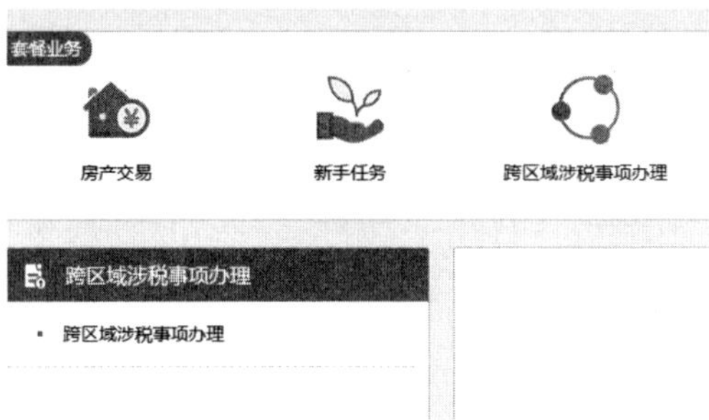

图 2-44　跨区域涉税事项办理

第二步：跨区域涉税事项报告登记——选择报告表，如图 2-45 所示。

图 2-45　选择报告表

第三步：企业信息确认——注册手机接收验证码，如图 2-46 所示。

图 2-46　注册手机接收验证码

第四步：填写报验具体信息，如图 2-47 所示。

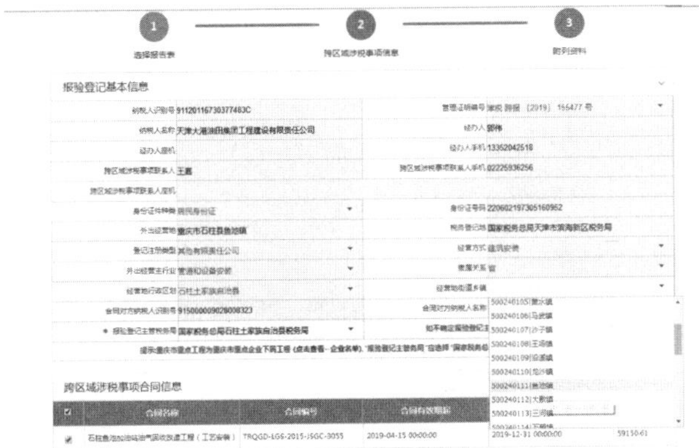

图 2-47　填写报验具体信息

第五步：保存提交后完成报验手续。

② 天津地区操作：

第一步：登录系统后，点击左边功能菜单中的“报验”，点击绿色“添加”按键，弹出输入窗口，输入信息点击蓝色“确定”按键，如图 2-48 所示。

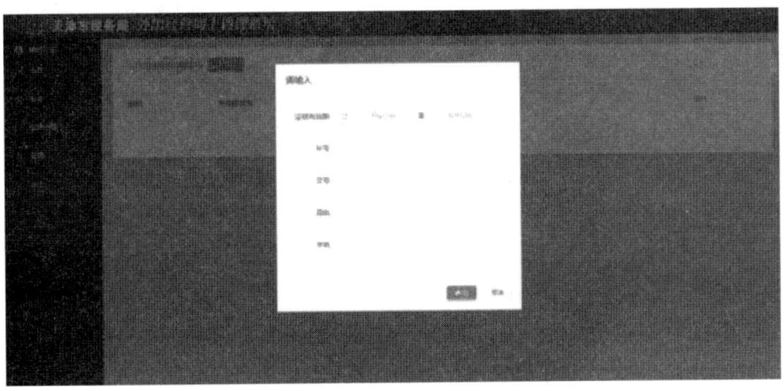

图 2-48　输入信息

第二步：进入报验登记页面，填写信息，点击橙色“保存”按键，如图 2-49 所示。

图 2-49　报验登记页面

第三步：保存成功后点击灰色“上传资料”按键，弹出上传资料窗口，点击蓝色“选取文件”按键上传营业执照或税务登记证，然后点击绿色“上传到服务器”按键完成资料上传，如图 2-50 所示。

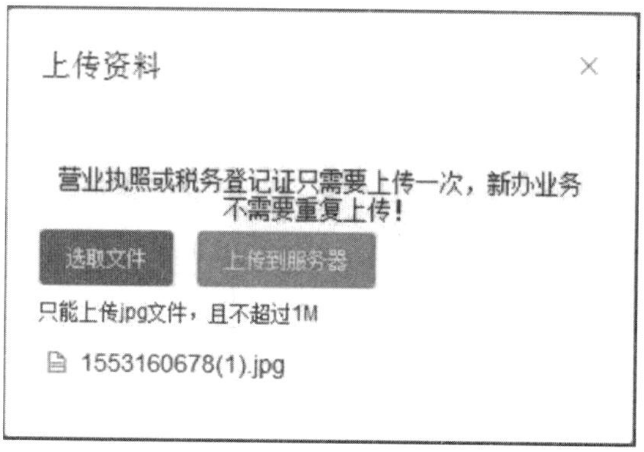

图 2-50　上传资料

第四步：上传资料成功后，点击蓝色“提交”按键，完成报验登记，如图 2-51 所示。

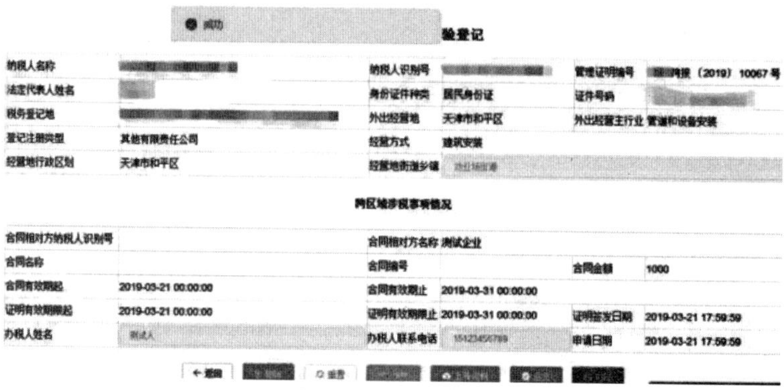

图 2-51　完成报验登记

第五步：报验成功后点击左边菜单的“综合办理”，在此页面可以看到已报验的信息，同时可以办理申报预缴、反馈业务，并查看业务状态，如图 2-52 所示。

图 2-52　综合办理

（3）经营地进行申报预缴

1）重庆地区

第一步：登录自然人账号，在“用户管理”中绑定外埠纳税人，如图 2-53 所示。

图 2-53　绑定外埠纳税人

第二步：绑定相应外经证，如图 2-54 所示。

图 2-54　绑定外经证

第三步：将需要预缴税款的外经证绑定完毕后，登录相应的外经证办理预缴业务，如图 2-55 所示。

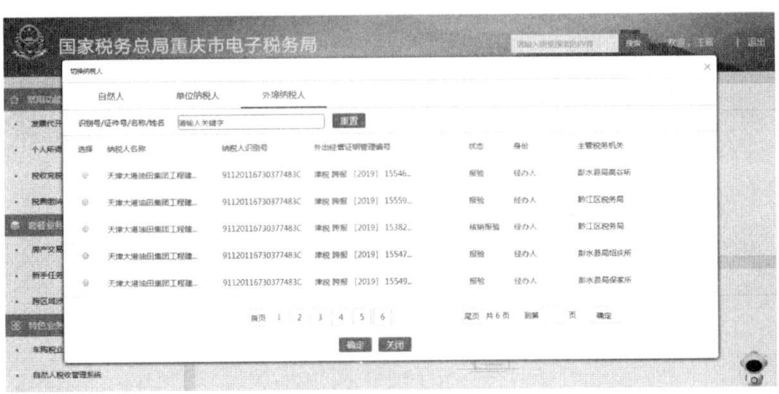

图 2-55　办理预缴业务

第四步：切换相应的外埠纳税人（即相应的外经证），进入跨区域涉税事项办理，如

图 2-56 所示。

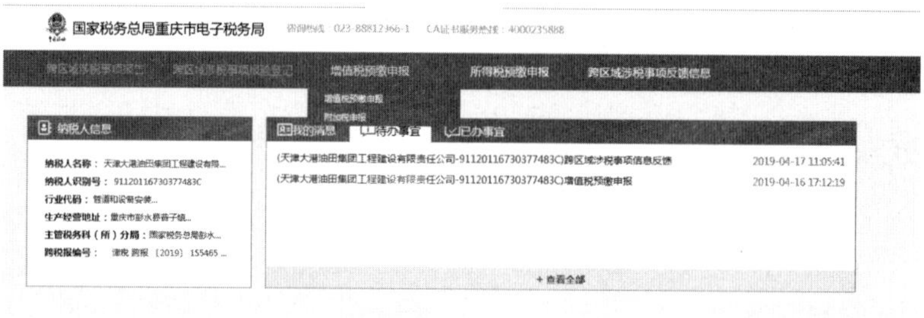

图 2-56　跨区域涉税事项办理

第五步：进行增值税预缴申报，填写相关信息，如图 2-57 所示。

图 2-57　填写相关信息

第六步：上传合同关键信息后保存，生成增值税申报数据，按照申报金额进行网上缴款，如图 2-58 所示。

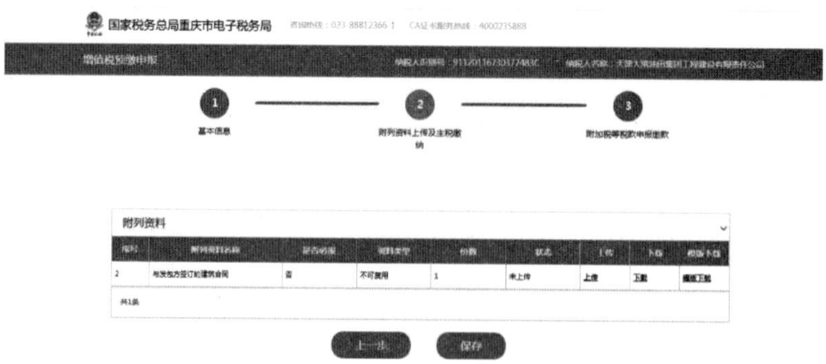

图 2-58　预缴申报

第七步：网上缴款成功后需到税务大厅打印增值税预缴完税凭证。

第八步：到办税大厅缴纳增值税附加税（因网上预缴附加税功能暂未开通）；到办税大厅缴纳以增值税为基数的各项税金（企业所得税、印花税等）；到办税大厅办理耕地占用税缴纳（EPC 等暂用耕地的项目才涉及）、城镇土地使用税缴纳（当地注册的机构占用土地才涉及）。

2）天津地区

第一步：登录外出经营网上管理系统，在“综合办理”页面点击蓝字“查看申报记录”，进入增值税及附征税、印花税申报预缴页面，如图 2-59 所示。

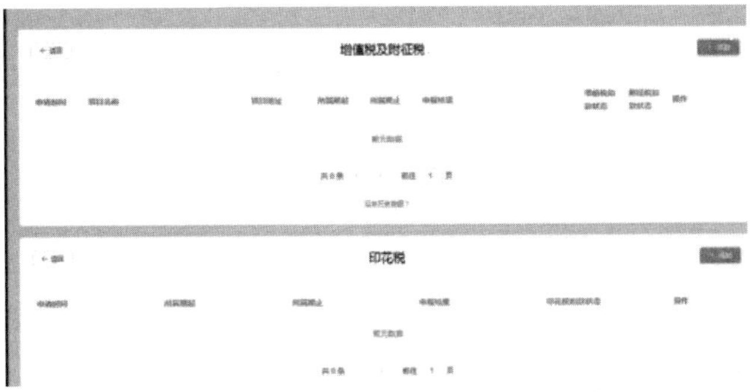

图 2-59　增值税及附征税、印花税申报预缴页面

第二步：点击绿色“添加”按键进入增值税及附征税、印花税申报表填写页面，如图 2-60 所示。

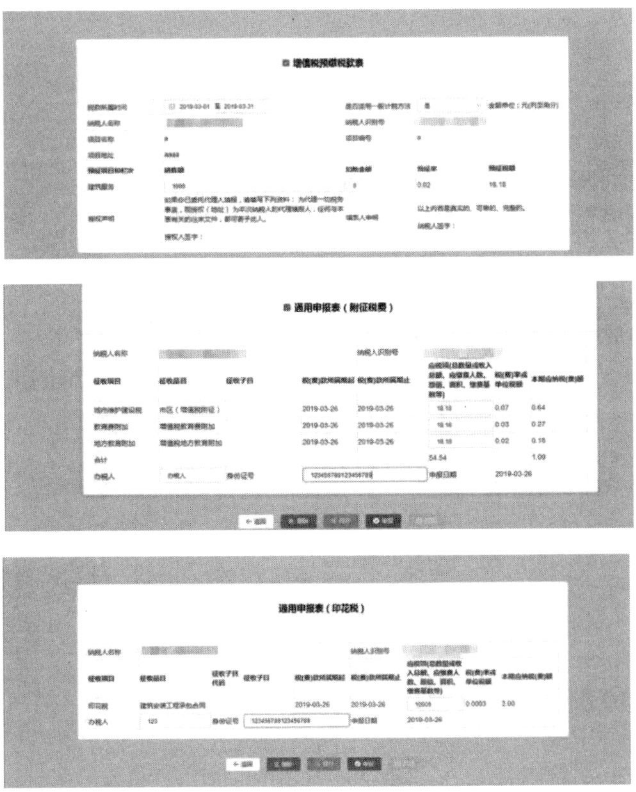

图 2-60　申报表填写页面

第三步：填写完毕后，点击橙色“保存”按键。需要注意的是如果只申报增值税及附征税的其中一个，要在表单 **通用申报表（附征税费）** 和 **增值税预缴税款表** 上把不申报的“√”去掉再填写需要申报的表单，如图 2-61 所示。

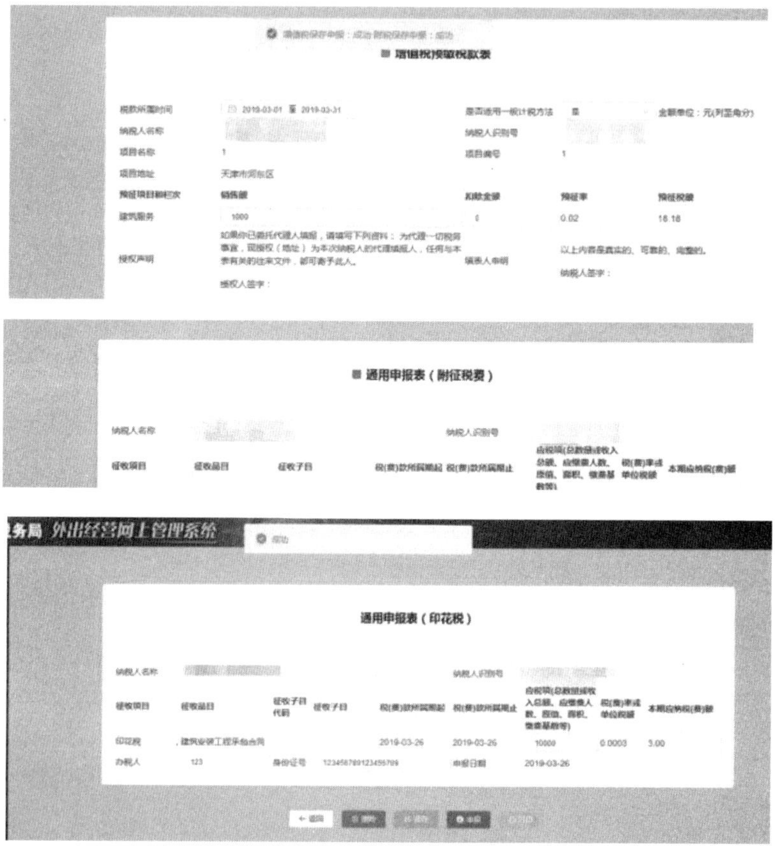

图 2-61　选择印花税申报

第四步：确认无误后再点击蓝色“申报”按键，即可完成增值税及附征税、印花税申报，如图 2-62 所示。

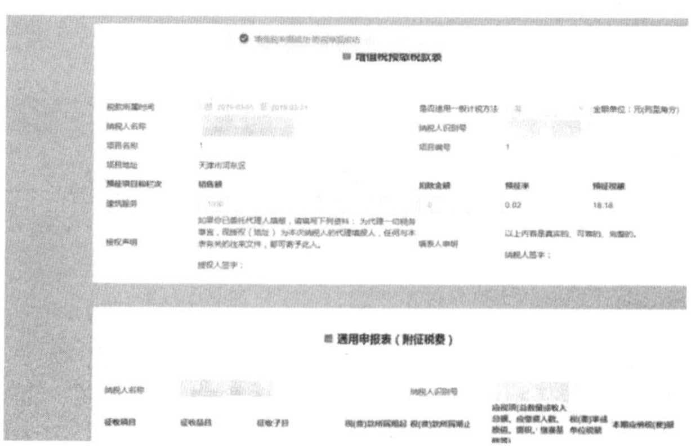

图 2-62　完成增值税、附征税、印花税申报（一）

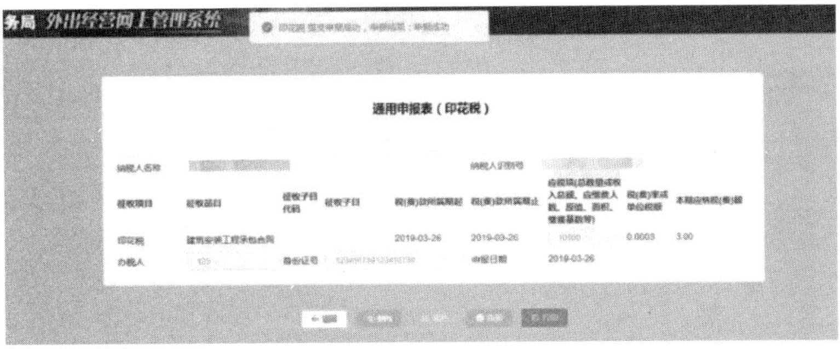

图 2-62　完成增值税、附征税、印花税申报（二）

第五步：申报成功后返回申报预缴页面，可以看到增值税及附征税、印花税的申报状态和扣款状态，如图 2-63 所示。

图 2-63　返回申报预缴页面

第六步：点击增值税及附征税、印花税扣款状态下面的蓝字“尚未扣款”，出现选择扣款方式窗口，根据需要自行选择扣款方式，如图 2-64 所示。银联为跳转银联支付网页进行支付；银联扫码为使用手机 APP 扫描二维码支付；三方协议需纳税人先签订三方协议并且为验证通过状态才能使用；工商银联扫码只能使用工行 APP 扫描二维码支付。

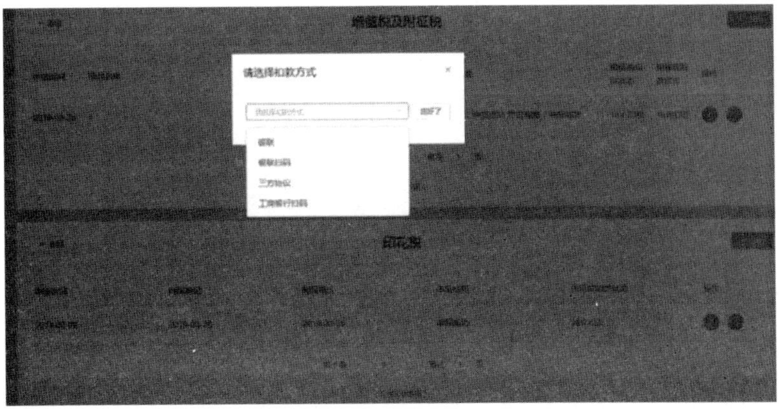

图 2-64　选择扣款方式

选择银联后，点击“选好了”，然后点击蓝字“开始扣款流程”，会跳转到银联支付网页，如图 2-65 所示。

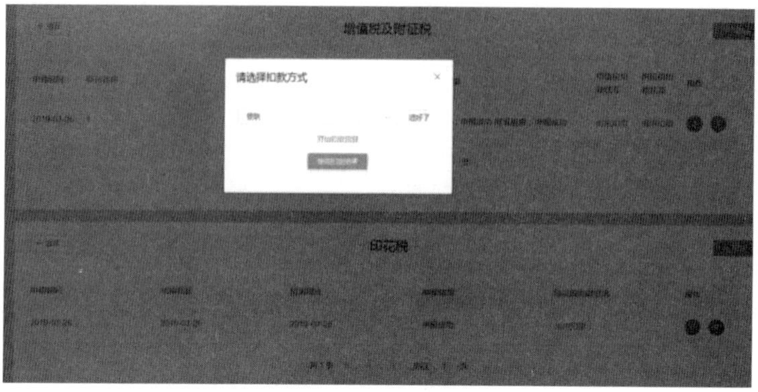

图 2-65　选择银联支付

选择银联扫码或工商银行扫码后，点击“选好了”，出现二维码，使用手机 APP 进行扫码缴款，如图 2-66 所示。

图 2-66　选择银联扫码

选择三方协议后，点击“选好了”，会出提示，点击蓝色“确定”进行缴款，如图 2-67 所示。

图 2-67　选择三方协议

第七步：扣款成功后增值税及附征税、印花税扣款状态会变成已扣款，如图 2-68 所示。

图 2-68　扣款成功

第八步：点击扣款状态下的蓝字“已扣款”，进行电子缴款凭证的预览打印，如图 2-69 所示。

图 2-69　电子缴税凭证

第九步：到办税大厅缴纳企业所得税、耕地占用税缴纳（EPC 等暂用耕地的项目才涉及）、城镇土地使用税缴纳（当地注册的机构占用土地才涉及）。

（4）经营地涉税事项反馈

1）重庆地区操作

第一步：登录自然人账号。在主页右上角切换成与外经证编号相对应的“外埠纳税人”，“自然人”账户用于办理报验，“外埠纳税人账户”用于办理预缴税款与反馈业务，因此需要根据所办业务进行相应的账户切换，如图 2-70 所示。

图 2-70　登录自然人账号

第二步：点击右侧菜单中的“跨区域涉税事项办理”，进入办理界面后选择“跨区域事项反馈信息”，如图 2-71 所示。

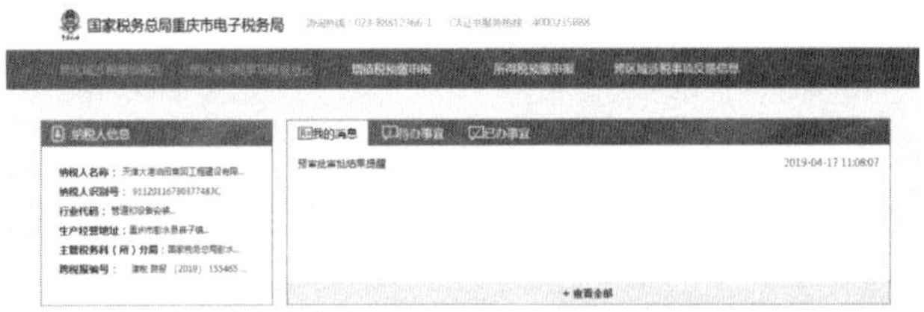

图 2-71　跨区域事项反馈信息

第三步：填写到达日期，点击下一步，如图 2-72 所示。

图 2-72　填写到达日期

第四步：出现反馈申请表信息，填写相应的外出经营情况：选择征收项目、预缴税款征收率、已预缴税款金、实际合同执行、开具发票金额（自开）、开具发票金额（代开）、应补预缴税款金额，填好后点击下一步，如图 2-73 所示。

图 2-73　填写相应的外出经营情况

第五步：上传本外经证项下的工程结算书、所开的销项发票、完税凭证等相关证明材料，保存并提交，如图 2-74 所示。

图 2-74　上传相关证明材料

第六步：税务批复完毕后生成电子版的《经营地涉税事项反馈表》，如图 2-75 所示。

经营地涉税事项反馈表

纳税人名称	天津大港油田集团工程建设有限责任公司				
纳税人识别号（统一社会信用代码）	91120116730377483C	跨区域涉税事项报验管理编号	津税 跨报〔2019〕153847 号		
实际经营期间	自 2019年04月08日起至 2020年12月31日				
货物存放地点					
合同包含的项目名称	预缴税款征收率	已预缴税款金额	实际合同执行金额	开具发票金额（含自开和代开）	应补预缴税款金额
石柱沙子加油站油气回收改造工程（土建工程）	0.03	0.03	0	0	0
合计金额	-	0.03	0	0	0
经办人： 纳税人（盖章）： 2019年4月15日	税务机关意见： 同意 经办人：徐艳 税务机关（盖章）： 2019年4月15日 国家税务总局重庆市黔江区税务局 税收业务专用章 00				

图 2-75　电子版经营地涉税事项反馈表

2）天津地区操作

第一步：点击左边菜单的“综合办理”，在页面中找到需要反馈的管理证明编号，点击对应的蓝字“未完成反馈”，进入反馈页面，如图 2-76 所示。

图 2-76　进入反馈页面

第二步：填写经营地涉税事项反馈表，点击橙色“保存”按键，如图 2-77 所示。

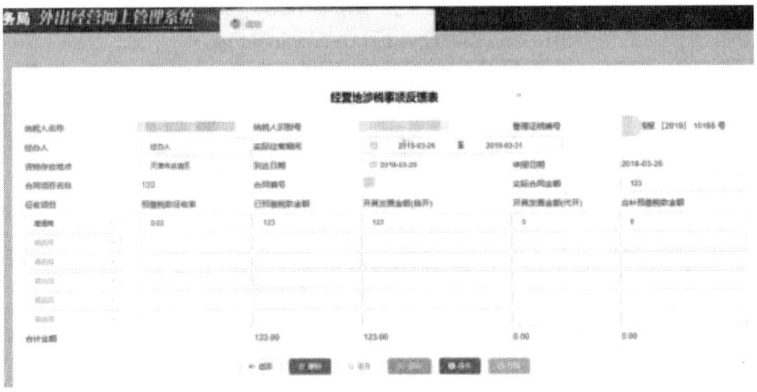

图 2-77　填写经营地涉税事项反馈表

第三步：保存成功后核对无误点击蓝色“提交”按键。税务局工作人员审核通过后，反馈结果显示为成功，审核不通过反馈结果显示为税务局工作人员填写的原因，如图 2-78 所示。

图 2-78　审核通过

第四步：审核通过后可以点击绿色“打印”按键，预览打印《经营地涉税事项反馈表》，如图 2-79 所示。

图 2-79　预览反馈表

第五步：在“综合办理”页面看到反馈栏已显示日期，表示外省用户在外出经营地已完成反馈业务，如图 2-80 所示。

图 2-80　完成反馈业务

（5）缴销

跨区域报告事项系统一般自动缴销。特殊情况下的缴销及外经证（跨区域报告事项之前办理的外经证）缴销目前一般都在办税大厅办理，天津市的理论上可以通过网上税务局办理，办理程序参照“省内（自治区、直辖市和计划单列市）临时从事生产经营活动的外经证缴销”流程办理。

特别说明，上述操作为截至 2019 年 7 月份的操作，随着网上办税系统的不断完善，系统界面及办理步骤可能会有所变化，能够网上预缴的税种也会逐渐增多，但基本的操作流程和操作步骤一般不会大变，只要掌握了精髓各种问题就能迎刃而解。

2. 3　个人所得税全员全额申报办理

个人所得税管理系统是金税三期系统的重要组成部分之一，但其单独运行，是与增值税并行的模块，与属地预缴的“以增值税为基础计算缴纳”的其他税种不同，不通过跨区域涉税事项管理进行申报、缴纳、反馈、缴销。

企业跨省施工，在施工所在地税务机关办理全员全额申报后，不用再按增值税的一定比例随增值税一同缴纳个人所得税。

2. 3. 1　个人所得税全员全额申报的具体办理方式

1. 严格按税法执行要办理的手续

自工程开工之日前三日内，持营业执照、外出经营活动税收管理证明（现改为跨区域涉税事项报告）、城建部门批准开工的文件和工程承包合同（协议）、开户银行账号以及主管税务机关要求提供的其他资料向主管税务机关办理有关登记手续。这里需要强调一下，此操作只是为了全员全额申报个税而办理的临时登记备案，与普通的临时税务登记不同，不能核定其他税种和涉税业务，税务机关一般以《施工企业个人所得税据实征收认定表》等形式进行临时登记。

政策依据：2018年6月15日修正的《建筑安装业个人所得税征收管理暂行办法》。

2. 实际执行中的手续办理

在实际执行中，税务机关为了简化手续、缩短流程一般只要求提供：项目全部工作人员工资表、全员交纳社保证明（盖章）、开工报告、合同复印件、收款进账单、外经证（现改为跨区域涉税事项报告）、工程项目报验登记表等资料。以《施工企业个人所得税据实征收认定表》形式进行临时登记。

3. 举例

（1）江西瑞金项目办理的全员全额个人申报

提供项目全部工作人员工资表、全员交纳社保证明（盖章）、开工报告、合同复印件、收款进账单、跨区域涉税事项报告，即办理了全员全额个人申报。具体内容见本书6.1节。

（2）惠州海管项目办理的全员全额个人申报

提供工程项目报验登记表（甲乙方签字）、合同（原、复印件）、外经证（现改为跨区域涉税事项报告）、税务登记证、工程造价汇总表、场所证明、印花税凭证，即办理了全员全额个人申报。具体内容见本书6.2节。

2.3.2 个人所得税全员全额申报办理的政策依据

1.《国家税务总局关于建筑安装业跨省异地工程作业人员个人所得税征收管理问题的公告》（国家税务总局公告2015年第52号）

二、跨省异地施工单位应就其所支付的工程作业人员工资、薪金所得，向工程作业所在地税务机关办理全员全额扣缴明细申报。凡实行全员全额扣缴明细申报的，工程作业所在地税务机关不得核定征收个人所得税。

三、总承包企业、分承包企业和劳务派遣公司机构所在地税务机关需要掌握异地工程作业人员工资、薪金所得个人所得税缴纳情况的，工程作业所在地税务机关应及时提供。总承包企业、分承包企业和劳务派遣公司机构所在地税务机关不得对异地工程作业人员已纳税工资、薪金所得重复征税。两地税务机关应加强沟通协调，切实维护纳税人权益。

2.《建筑安装业个人所得税征收管理暂行办法》

第四条　从事建筑安装业的单位和个人，应依法办理税务登记。在异地从事建筑安装业的单位和个人，必须自工程开工之日前三日内，持营业执照、外出经营活动税收管理证明、城建部门批准开工的文件和工程承包合同（协议）、开户银行账号以及主管税务机关要求提供的其他资料向主管税务机关办理有关登记手续。

第六条　从事建筑安装业的单位和个人应设置会计账簿，健全财务制度，准确、完整地进行会计核算。对未设立会计账簿，或者不能准确、完整地进行会计核算的单位和个人，主管税务机关可根据其工程规模、工程承包合同（协议）价款和工程完工进度等情况，核定其应纳税所得额或应纳税额，据以征税。具体核定办法由县以上（含县级）税务机关制定。

第十四条　建筑安装业单位所在地税务机关和工程作业所在地税务机关双方可以协商有关个人所得税代扣代缴和征收的具体操作办法，都有权对建筑安装业单位和个人依法进行税收检查，并有权依法处理其违反税收规定的行为。但一方已经处理的，另一方不得重复处理。

第十五条　本办法所称主管税务机关，是指建筑安装业工程作业所在地税务局（分局、所）。

第十六条　各省、自治区、直辖市税务局可根据本办法规定的原则，结合本地实际制定具体的征管办法，并报国家税务总局备案。

第 3 章　跨区域施工疑难问题处理

3.1　增值税纳税时点与入账票据相关问题处理

3.1.1　增值税纳税时点问题分析及相关问题处理

《中华人民共和国增值税暂行条例》第十九条对增值税纳税义务时间做如下规定:“发生应税销售行为，为收讫销售款项或者取得索取销售款项凭据的当天；先开具发票的，为开具发票的当天。”

发生纳税义务的前提是发生销售行为，对应《中华人民共和国增值税暂行条例》第一条可以得出销售行为是指：在中华人民共和国境内销售货物或者加工、修理修配劳务（以下简称劳务)，销售服务、无形资产、不动产以及进口货物。

综上所述，在“境内销售货物或加工、修理修配劳务，销售服务、无形资产、不动产，进口”等行为实际发生的前提下，纳税时点按如下顺序从前往后排序:

（1）先开具发票的，为开具发票的当天。

（2）先收取销售款项的，为收讫销售款项的当天，此收款不含尚未发生销售行为而收取的预收款。

（3）未收取销售款的，以索取销售款项凭据的当天。

特别强调一下：销售行为未发生而收取的预收款不属于增值税的纳税范畴；签订合同但未发生销售行为，一方收取的违约金不属于增值税的纳税范畴。

3.1.2　建筑业外出经营的纳税时点及地点剖析

根据《财政部 国家税务总局关于全面推开营业税改征增值税试点的通知》(财税〔2016〕36 号)、《财政部 税务总局关于建筑服务等营改增试点政策的通知》(财税〔2017〕58 号)，纳税时点按如下顺序从前往后排序:

（1）先开具发票的，为开具发票的当天。实际操作中，在开票下月的 15 号之前交税即可。

（2）在销售服务、无形资产、不动产过程中，先收到款项的，为收到款项的当月。实际操作中，在收款的下月 15 日之前交税即可。

在工程未开始前收到的预收款不属于增值税纳税时点范畴，理论依据为《财政部 税务总局关于建筑服务等营改增试点政策的通知》（财税〔2017〕58 号）（该文件对《财政部 国家税务总局关于全面推开营业税改征增值税试点的通知》（财税〔2016〕36 号）附件 1 第四十五条的预收款纳税条款进行了修正）。全面营改增之后，税务机关依据《财政部 国家税务总局关于全面推开营业税改征增值税试点的通知》（财税〔2016〕36 号）文对很多企业预收款未缴纳增值税的行为进行了处罚，直至《财政部 税务总局关于建筑服务等营改增试点政策的通知》（财税〔2017〕58 号）文件的出台才解决了这个问题，建筑业预收款不属于纳税时点了，但要按预缴税款的相关政策进行处理，这个预收款是有条件的，是指在工程建设开工之前收取的预收款。政策依据为:《财政部 国家税务总局关于全面推开营业税改征增值税试点的通知》（财税〔2016〕36 号）文第四十五条的第一款。

（3）书面合同确定的付款日期。

（4）未签订书面合同或者书面合同未确定付款日期的，为服务、无形资产转让完成的当天或者不动产权属变更的当天。

这里特别说明一下：严格按税法执行，若不满足（1）、（2）、（3）条，则只有服务全部完成、无形资产转让完成、不动产权属变更完成才需要纳税。但实际操作中，有的税务机关根据实质重于形式原则，对工程进行分解，把工程的每个组成部分完成时点作为纳税时点，更有甚者按与甲方签订的阶段性工作量或进行阶段性验收的时间作为纳税时点。税务机关的这种做法从严格执行税法角度来说是有问题的，但从实质重于形式上讲也有一定道理，可以与之协商解决。

如果税务机关要求建筑工程按“财务账面确认的收入”缴纳增值税，则坚决不能同意，这种说法没有任何的理论依据，但也确实有个别税务机关如此要求。反驳的理由：会计收入是根据建造合同确认的，是基于会计分期这一基本假设的要求，根据形象进度预估出来的阶段性的产值，根据客观情况的变化要对其进行不断调整，只有工程竣工结算后才能得出最终的产值，会计上阶段性确认的收入与税法上规定的增值税纳税时点没有任何关系，增值税纳税时点要按税法的相关规定执行。若建造合同阶段性确认收入采取的是成本法，根据已发生成本占预计总成本的比例预估确认阶段性收入，则无论从形式上还是从实质上都不会与增值税纳税时点扯上关系；但若建造合同阶段性确认收入采取的是工作量法，则从本质上讲与税务纳税时点存在一定的关联性，给税务机关往增值税纳税时点方向解释提供了机会，需要我们做更多的解释和辩论工作，因而建议最好不采取这种方式。

3.1.3 财务入账票据的相关问题处理

1. 可计入成本票据的相关问题处理

可以所得税前列支的成本，是指符合生产经营常规的必要的、正常的支出，遵循真实性、合法性、关联性原则即可。财务票据是成本支出计入财务的凭据，只要遵循上述原则即可入账，常用的票据主要有以下几种类型：

（1）财政票据：行政事业相关单位开出的行政事业收据或资金往来收据等票据，该票据上一定要印有财政监制章（由各级财务部门印制的）。

（2）税收票证：为了防止税源流失、加强税款征收管理需要，针对某些特定经济业务不要求开具发票，直接向相关管理部门缴纳税款，由相关部门出具可以所得税前抵扣的税收票证。常见的税收票证主要包括完税凭证、税收缴款书、印花税票三种，具体如下：

1）完税凭证、税收缴款书。

完税凭证是税务机关为证明纳税人已经缴纳税款而开具的纸质税收票证。税收缴款书是纳税人据以缴纳税款，税务机关据以征收税款的税收票证，随着税务管理系统不断完善和“放管服”政策的不断深入，一般情况下开具税收缴款书即可，只有“通过横向联网电子缴税系统划缴税款、纳税人依据扣缴义务人开具的税收票证换开、已完税票证遗失重新开具”等几种情形才允许开具完税凭证（这里的一般情况不包括：进口商品缴纳增值税、消费税等只能开具税收缴款书的特殊业务）。特别强调一下：只有依据相关政策不能、不需要开具发票，或因发票丢失等原因据以佐证支出真实性的情况下，才允许使用完税凭证、税收缴款书作为支出入账凭证。

2）印花税票。

对于缴纳印花税而言，开具印花税票、税收缴款书、完税凭证三者均可。企业根据取得的具体税收票证类型，从印花税票复印件、税收缴款书、完税凭证中，选择与之对应的票证类型计入成本。

政策依据见：本书 7.2.19 节和《税收票证管理办法》。

（3）收款凭证：不属于增值税应税范畴，或虽属于增值税的业务类型，但由于税收调节、征管成本等客观因素，没必要必须开具发票。此种情况下，只需提供收款凭证并辅以其他能证明相关性、真实性、合法性的凭据即可。

可以凭收款凭证直接计入成本而无须开具发票的几种情形：

1）不属于增值税应税范畴，无须开具发票的经济业务。《中华人民共和国增值税暂行条例》《财政部 国家税务总局关于全面推开营业税改征增值税试点的通知》（财税〔2016〕36 号）等增值税相关文件对增值税应税范畴进行了详细描述，对不属于增值税法定纳税范畴的经济业务无须取得发票，只需凭收款凭证、合同等相关资料入账即可。如：工程尚未开始，由于一方违约而支付另一方的违约金，凭收款凭证、合同等相关资料即可计入成本。具体的解析和政策依据见：本书 7.2.22 节。

2）个人（含个体工商户）境内发生的成本支出，该支出属于增值税的应税项目，但金额较小未达到增值税相关政策的起征点。关于起征点学术界是有争议的，有的认为执行《中华人民共和国增值税暂行条例实施细则》规定的 300 ～ 500/ 次、2 万元 / 月，有的认为执行《财政部 税务总局关于实施小微企业普惠性税收减免政策的通知》（财税〔2019〕13 号）、《国家税务总局关于小规模纳税人免征增值税政策有关征管问题的公告》（国家税务总局公告 2019 年第 4 号）规定的 300 ～ 500/ 次、10 万元 / 月、30 万元 / 季度。产生分歧的焦点在起征点和免征额的理解上，最终国家税务总局所得税司给出了答案，何冰女士在《〈企业所得税税前扣除凭证管理办法〉基本概念解析》（载《中国税务》2018 年第 7 期）一文中明确提到了起征点执行《财政部 税务总局关于延续小微企业增值税政策的通知》（财税〔2017〕76 号）的 3 万元 / 月，按这个逻辑现在应该执行《财政部 税务总局关于实施小微企业普惠性税收减免政策的通知》（财税〔2019〕13 号）等文件的 10 万元 / 月、30 万元 / 季度，新颁布的《增值税法（征求意见稿）》也印证了这一观点。

（4）法院判决书、仲裁机构裁决书：根据法院判决书、仲裁机构裁决书等法定权威机构出具的文件，一方要向另一方支付款项的，其支出符合所得税前抵扣的相关性、真实性、合法性，可以所得税前列支，在计入成本时要附带合同、收款凭证等相关资料作为佐证。从理论上讲此种做法是有争议的，法院判决在税法上属于违约金性质，若属于增值税纳税范畴，不开具发票则违反发票管理办法，天津市税务局 2019 年 3 月 14 日推出的《2018 年度企业所得税汇算清缴问题解答》的第二十六条给出了明确答复，即属于增值税纳税范围的违约金需要开具发票才能税前抵扣，但目前税务机关已经基本认可了凭判决书或裁决书直接抵扣这一做法。下面举一个真实案例：A 个人因资质不满足承揽条件而挂靠 B 企业承揽 C 公司的工程，三者之间因结算纠纷诉至法院，法院判决 C 公司直接付款给 A 个人，C 公司因 A 个人拒不提供发票而未给 A 个人付款，法院强制执行从 C 公司直接划款转付 A 个人，C 公司向法院和税务机关复议被驳回，法院和税务机关给出的解释是：法院判决企业必须无条件执行。A 个人不给 C 公司开具发票存在税源流失风险，但不是 C 公司的管辖范围和本案要处理的内容，需要税务稽查部门或法院另案处理，C 公司依据《企业所得税税前扣除凭证管理办法》凭判决书和法院划款单据所得税前直接入账；违法挂靠也不是本案处理的内容，需要相关部门或法院另案处理。

（5）境外支出入账凭证：《企业所得税税前扣除凭证管理办法》第十一条规定：企业从境外购进货物或者劳务发生的支出，以对方开具的发票或者具有发票性质的收款凭证、相关税费缴纳凭证作为税前扣除凭证。

（6）工会经费拨缴入账凭证：拨缴职工工会经费，以工会组织开具的工会经费收入专用收据作为入账凭证，通过税务机关代收的以代收机关出具的缴款凭证为入账凭证。

（7）社会保险费缴纳入账凭证：企业缴纳的社会保险费，尚未完成移交划转仍向社保管理机构缴纳的，以社保机构开具的财政票据（社会保险费专用收据或票据）为入账凭证；划转完成直接向税务机关缴纳的，以税务机关出具的缴款凭证为入账凭证；通过第三方管理机构代收的，以第三方管理机构出具的收据或盖有社保征缴专用章的缴费清单作为入账凭证。

（8）缴存的住房公积金，公积金管理机构盖章的住房公积金汇（补）缴书和银行转账单据。

（9）发票（包括纸质发票和电子发票）：境内发生的属于增值税的应税项目的成本支出需要取得增值税发票。

1）取得发票要注意以下特殊政策：

汇算清缴期结束后，企业仍存在应当取得而未取得发票、取得发票不合规情形的，企业应当自被税务机关告知之日起 60 日内补开、换开发票。其中，因对方特殊原因无法补开、换开发票的，企业应当自被告知之日起 60 日内提供可以证实其支出真实性的相关资料，具体包括：特殊原因无法补开、换开发票的证明资料（包括工商注销、机构撤销、营业执照吊销、列入非正常经营户、破产公告等证明资料）；相关业务活动的合同或者协议；采用非现金方式支付的付款凭证；其他佐证材料。

企业以前年度应当取得而未取得的发票，且相应支出在该年度没有税前扣除的，在以后年度取得符合规定的发票，或者按照《企业所得税税前扣除凭证管理办法》第十四条的规定提供可以证实其支出真实性的相关资料，相应支出可以追补至该支出发生年度税前扣除，但追补年限不得超过五年。

2）开具发票的相关政策理论分析：

《中华人民共和国发票管理办法》第十九条规定：销售商品、提供服务以及从事其他经营活动的单位和个人，对外发生经营业务收取款项，收款方应当向付款方开具发票；特殊情况下，由付款方向收款方开具发票。

“销售商品、提供服务以及从事其他经营活动”的具体内容，《中华人民共和国增值税暂行条例》第一条做了明确，即：在中华人民共和国境内销售货物或者加工、修理修配劳务（以下简称劳务），销售服务、无形资产、不动产以及进口货物。关于销售服务的具体内容《财政部 国家税务总局关于全面推开营业税改征增值税试点的通知》（财税〔2016〕36 号）有详解。

由付款方开票的特殊情况指的是：针对特殊行业无法开具发票而由付款方开具发票的特殊情况，如由采购方直接开具的农产品收购发票。

（10）分割单：与其他企业、个人在境内共同接受应纳增值税应税服务，采取分摊方式的，以分割单为入账凭证。收取发票方以发票和分割单为入账依据，共同接受方以发票复印件和分割单为入账依据。

2. 政策依据

《企业所得税法》第八条，《企业所得税实施条例》第二十七条，《企业所得税税前扣除凭证管理办法》（国家税务总局公告2018年第28号）第二条、第四条、第八条、第九条、第十条、第十一条、第十三条、第十四条、第十五条、第十七条、第十八条。

3.2 承揽项目委托子公司或独立纳税分公司实施的相关问题处理

承揽工程项目委托子公司（或独立纳税的分公司）实施在建筑业非常普遍，委托模式主要有工程整体分包和以承揽方名义实施两种处理方式，从成本、风险等多方面综合考虑，建议采取如下方式。

3.2.1 委托模式选择方式建议

1. 委托独立纳税分公司实施的模式选择

由总公司和分公司直接签订施工合同，通过授权或签订三方协议等方式约定由分公司直接对甲方结算、开票。此种操作模式符合相关法律没有任何风险，是从成本控制、施工组织、政策法规等方面综合考虑得出的最佳方式。

2. 委托子公司实施的模式选择

采取第一条中的方法，由子公司直接与发包方对接、结算、开票。这种方法从经济上讲是最优的，也符合相关税收法律政策，但是与住房和城乡建设部的最新政策是违背的，涉嫌转包可能会面临住房和城乡建设部的惩处。

因此建议将施工内容进行合理分解，工资劳务及与人相关的部分签订劳务分包合同，子公司自有设备签订租赁合同，材料、外雇机械及其他工程费用由母公司直接计入成本。

3.2.2 政策理论依据及相关分析

1. 从税收法律层面对操作合理性进行分析

《国家税务总局关于进一步明确营改增有关征管问题的公告》（国家税务总局2017年11号公告）规定：建筑企业与发包方签订建筑合同后，以内部授权或者三方协议等方式，授权集团内其他纳税人（以下称“第三方”）为发包方提供建筑服务，并由第三方直接与发包方结算工程款的，由第三方缴纳增值税并向发包方开具增值税发票，与发包方签订建筑合同的建筑企业不缴纳增值税。发包方可凭实际提供建筑服务的纳税人开具的增值税专用发票抵扣进项税额。

因此从税法角度而言，母公司与子公司、独立纳税分公司签订分包合同，由子公司直接与发包方对接、结算、开票的模式是合法的。

2. 从住房和城乡建设部管理政策层面对操作合理性进行分析

（1）《住房和城乡建设部关于印发建筑工程施工发包与承包违法行为认定查处管理办法的通知》（建市规〔2019〕1号）规定：

存在下列情形之一的，应当认定为转包，但有证据证明属于挂靠或者其他违法行为的除外：

承包单位将其承包的全部工程转给其他单位（包括母公司承接建筑工程后将所承接工程交由具有独立法人资格的子公司施工的情形）或个人施工的。

（2）《全国人大法工委关于对建筑施工企业母公司承接工程后交由子公司实施是否属于转包以及行政处罚两年追溯期认定法律适用问题的意见》（法工办发（2017）223号）规定：

关于建筑市场中违法发包、转包、分包、挂靠等行为的行政处罚追溯期限问题，同意你部的意见，对于违法发包、转包、分包，挂靠等行为的行政处罚追溯期限，应当从违法发包、转包、分包、挂靠的建筑工程竣工验收之日起计算。

因此从住房与城乡建设部、全部人大常委会法工办的文件分析，母公司与独立纳税分公司签订分包合同没有问题，与子公司签订分包合同违反了住建部的相关管理政策，会面临一定程度的惩处。

特别说明：统一集团下独立纳税的企业之间也适用于上述处理方法。

3.3 增值税率与计税方式的选择

3.3.1 增值税率与计税方式选择的总体分析

同一个经济业务，采用不同的组织模式，选择不同的合同类型，使用不同的计税方式，对适用税率和实际税负的影响是不同的，并不是税率越低越好，也不是简易征收一定比一般征收节税，要站在产业链上下游一体化的高度对项目增值税负进行综合考量，以企业的最终净收益最大化为唯一标准，即要看实际入账收入、资金流利息与入账成本、增值税附加成本之差，用公式表达如下：

项目净收益＝收入＋资金流利息－成本－增值税附加成本

收入是指：计入到营业收入中的不含增值税收入。

资金流利息＝项目销项税额在项目留存时间产生的利息收入－进项税额占用资金产生的利息支出

入账成本＝增值税发票中的不含税金额＋不可抵扣的增值税额（增值税普票税金＋法定不允许抵扣的增值税额＋因项目计税方式造成的不能抵扣增值税额）

增值税附件成本＝增值税附加税＋其他依据增值税额计算的地方性费用、政府性基金、工会经费、核定征收的个人所得税

工会经费是指由施工所在地税务机关代收的工会经费，如果能够在法定2%的范围内抵扣掉的则不用考虑，需要单独进成本的则需要考虑。

核定征收的个人所得税是指未在施工所在地办理个人所得税全员全额申报的企业，按属地预缴增值税额一定比例预缴的个人所得税，该部分支出计入企业成本，不计入个人缴纳基数。

3.3.2　针对影响增值税负的各因素进行单项分析

（1）收入：目前建筑工程市场竞争激烈，施工企业的话语权很低，招投标项目在招标文件一般都列明了计税方式等相关税收要求，我们能够操作的空间有限，但也不是一点筹划空间没有。在含税价一定条件下，税率越低对我们越有利，尽量选择简易征收或税率低的合同模式；在不含税价一定的情况下，选择税率高的合同模式会增加我们的现金流，获得资金占用利息收入，但如果抵扣不够充分可能会因增加增值税附加成本，还要看二者的金额对比。

（2）成本：在不考虑销项税的情况下，单独判断一项采购业务税负高低，则看实际的进成本金额；如果进成本金额相同，开具专票的优于开具普票的（进项税抵消销项后使附加税成本减少），对于同开专票的供应商之间则选择税率更高的供应商（进项税抵消销项后使附加税成本减少）。

（3）资金流利息：加快收款、延缓付款，延长资金流在项目的使用时间。

（4）增值税附加成本：增值税附件成本是以增值税为基数计算出来的，因此降低增值税附加成本的方法只有降低“增值税销进项之差”这一条路可走。

3.3.3　增值税率、计税方式选择的具体操作

本书3.3.1节中提到的计算公式非常好，是增值税率、计税方式选择的最理想方法，

尤其是对一些组织模式复杂的大型工程特别适用，但是也有其弊端，那就是对数据来源的准确性要求高，操作起来复杂且对项目组织人员的能力素质要求高。因此当影响增值税负的大部分因素相对固定或影响值很容易直观得出时，可以通过本书3.3.2节中单项因素分析选出合理的操作方法。

3.4 虚假发票、虚开发票的防范以及增值税三流一致的正确理解

3.4.1 虚假发票的定义与防范

虚假发票是非增值税发票管理系统开具的发票，相对于虚开而言比较容易识别和判断。增值税普通发票、增值税普通发票（卷票）、增值税电子普通发票、增值税电子普通发票（通行费）、机动车销售统一发票、二手车销售统一发票、货物运输业增值税专用发票可以通过国家税务总局全国增值税发票查验平台查验（查验平台网址为https://inv-veri.chinatax.gov.cn/，该平台是根据《国家税务总局关于启用全国增值税发票查验平台的公告》（国家税务总局2016年第87号）设立，从2017年7月1日起上线运行）。增值税专用发票可以通过增值税发票验证和防伪系统及国家税务总局全国增值税发票查验平台双重验证。其他发票无法通过官方平台或系统直接查验，要与发票开具企业的主管税务机关联系，高效、简洁地进行真伪查验。

接收到的虚假发票不允许进项税额抵扣，还要视主观故意程度决定是否进行罚款（善意的不予处罚，恶意的处5倍以下罚款）。若参与到虚假发票的制售链条或知情不报则可能还会面临刑事处罚的风险。

3.4.2 虚开发票的定义与防范措施

虚开发票是指没有真实的业务往来，但通过增值税发票管理系统开具的发票。虚开的发票能够通过国家税务总局全国增值税发票查验平台查验，专用发票还可以通过发票验证和防伪系统查验，防范起来比较困难，实务中可以采取如下措施进行防范：

（1）核查销售方是否有增值税进项发票或同等效力的能证明其购进货物的凭据，如果对方能够提供则说明该业务没有问题。

（2）如果对方拒绝提供增值税进项发票或同等效力的能证明其购进货物的凭据，则需核实对方企业的目前状态，通过其主管税务机关或其他方式查询对方是否属于走逃（失联）企业、法人是否被列入失信黑名单或税务黑名单、纳税信用等级是否属于D级，如上述非正常情况出现则说明该行为很可能是虚开行为，建议停止与其合作。

（3）如果对方拒绝提供增值税进项发票或同等效力的能证明其购进货物的凭据，但其纳税信用等级、资信情况及近几年经营状况均处于良好状态，则需要根据《国家税务总局关于纳税人对外开具增值税专用发票有关问题的公告》（国家税务总局公告 2014 年第 39 号）及其官方解读进行进一步判断，若该经济行为不满足“不属于对外虚开情形”的相关条件，则建议停止合作。不属于对外虚开情形主要强调的是：针对卖方存在“虚增进项税额逃税”“先卖后买”“挂靠经营”等特殊经营行为，只要我们与卖方之间的经济业务满足三流一致即不属于虚开。

接收到虚开发票所面临的处罚，与前面提到的接收虚假发票的处罚相同，也是不允许进项税额抵扣，还要视主观故意程度决定是否进行罚款（善意的不予处罚，恶意的处 5 倍以下罚款），若参与到虚假发票的制售链条或知情不报则可能还会面临刑事处罚的风险。

3.4.3　关于增值税三流一致的正确理解

1. 增值税三流一致的理论分析

三流一致是指货物流一致、发票流一致、资金流一致。从税法的本质上讲，资金流一致强调的是收付款业务真实，即从实质上能够实现买方向卖方的资金流转移，而不是机械地理解成必须由买方直接付款给卖方。关于资金流一致问题，不同的学术团体有着不同的观点，各地的税务机关执行尺度也不一致，直至《国家税务总局关于纳税人对外开具增值税专用发票有关问题的公告》（国家税务总局公告 2014 年第 39 号）出台从法律层面给出了明确的解释，具体法律条文和解析如下：

（1）货物流一致：纳税人向受票方纳税人销售了货物，或者提供了增值税应税劳务、应税服务，即货物实现了从卖方到买方的转移。

（2）发票流一致：纳税人按规定向受票方纳税人开具的增值税专用发票相关内容，与所销售货物、所提供应税劳务或者应税服务相符，且该增值税专用发票是纳税人合法取得、并以自己名义开具的，即发票实现了从卖方到买方的转移。

（3）资金流一致：纳税人向受票方纳税人收取了所销售货物、所提供应税劳务或者应税服务的款项，或者取得了索取销售款项的凭据。这里包含了两层意思：

1）资金直接实现从买方到卖方的转移，符合三流一致。

2）卖方取得了向甲方索取销售款项的凭据。

何谓“索取销售款项的凭据”，《国家税务总局关于纳税人对外开具增值税专用发票有关问题的公告》（国家税务总局公告 2014 年第 39 号）没有列举，但可以参照《财政部 国家税务总局关于全面推开营业税改征增值税试点的通知》（财税〔2016〕36 号）附件 1《营业税改征增值税试点实施办法》第四十五条规定（取得索取销售款项凭据的当天，是指书面合同确定的付款日期；未签订书面合同或者书面合同未确定付款日期的，为服务、无形资产转让完成的当天或者不动产权属变更的当天）。

从民法上讲，无论是达到书面合同确定的付款日期，还是实现了所有权转移，销售方均可以据此向购买方主张到期债权。而上述第四十五条规定“书面合同确定的付款日期和所有权转移当天均为取得索取销售款项凭据的当天”。因此不难得出，取得索取销售款项的凭据即为取得了主张到期债权的权利，只要能证明开票方对销售方享有到期债权，就满足《国家税务总局关于纳税人对外开具增值税专用发票有关问题的公告》（国家税务总局公告 2014 年第 39 号）中“取得索取销售款项的凭据”这一条件，至于此项债权事后如何变动和履行则不是增值税三流一致要求的范畴，而应由适用债权转移处理的相关法律来规范。

2．增值税三流一致的总结

三流一致的真正含义：在经济业务真实的前提下，在本质上实现了三个转移，即：货物实现了从卖方到买方的转移；发票实现了从卖方到买方的转移；资金实现本质上的从买方到卖方的转移（包括资金从买方到卖方的直接转移、卖方获得了买方的到期债权两种情况）。

因经济业务与合同密切相关，学术界又有人把合同也加进去，提出了业务流、发票流、资金流、合同流四流一致的观点，其实四流一致与三流一致在内容上没有区别，只是把原来的三流一致进一步细化而已。税务机关、权威机构预防虚开的主流思想已经不再是简单的三流、四流一致，而是“四流一致＋业务本质”。下面举一个例子说明一下：

在青海“8·17”特大虚开增值税专用发票案中，一家在青海成立的高科技上市公司申请了开山买卖原石的营业范围，通过反开农产品收购发票的方式取得进项发票，然后再以虚开的方式向黄金珠宝企业售卖发票获利，因筹划手段高明、得当且企业税负相对合理，一直持续了 3 年没有出问题。随着时间推移，受利益驱使，珠宝企业的贪欲不断膨胀，购买发票的频次和数量也在加大，购买意图也从最初的满足自身需求扩展到向手机生产商等其他领域转售，最终因利益链中的某个企业其他涉税事项而被牵出，涉事企业补交了偷逃的全部税款、滞纳金以及 5 倍的罚款，相关人员也受到了不同程度的刑事处罚。

本案的策划者水平较高，实现了货物流、发票流、合同流、资金流的四流一致，通过了第三方审计及税务机关的各种常规检查，但其忽略了业务本质这一关键因素，在对利益链中的某手机生产商年度税务稽查时，稽查人员从营业范围与进项产品的对比异常发现问题，通过深入调查和长期跟踪，最终查清了其逃税的全部事实并顺藤摸瓜揪出了所有关联企业。

3.5　先卖后买、挂靠销售行为合理性分析

3.5.1　先卖后买合理性分析及政策依据

1. 先卖后买合理性分析

纳税人对外开具的销售货物的增值税专用发票，纳税人应当拥有货物的所有权，包括以直接购买方式取得货物的所有权，也包括“先卖后买”方式取得货物的所有权。所谓“先卖后买”，是指纳税人将货物销售给下家在前，从上家购买货物在后。

2. 理论分析政策依据

关于《国家税务总局关于纳税人对外开具增值税专用发票有关问题的公告》（国家税务总局公告 2014 年第 39 号）的解读第一条。该解读为官方解读。

3.5.2　挂靠销售行为合理性分析及政策依据

1. 挂靠销售行为合理性分析

以挂靠方式开展经营活动在社会经济生活中普遍存在，挂靠行为如何适用本公告，需要视不同情况分别确定。① 如果挂靠方以被挂靠方名义，向受票方纳税人销售货物、提供增值税应税劳务或者应税服务，应以被挂靠方为纳税人。被挂靠方作为货物的销售方或者应税劳务、应税服务的提供方，按照相关规定向受票方开具增值税专用发票，属于本公告规定的情形。② 如果挂靠方以自己名义向受票方纳税人销售货物、提供增值税应税劳务或者应税服务，被挂靠方与此项业务无关，则应以挂靠方为纳税人。这种情况下，被挂靠方向受票方纳税人就该项业务开具增值税专用发票，不在本公告规定之列。

2. 理论分析政策依据

关于《国家税务总局关于纳税人对外开具增值税专用发票有关问题的公告》（国家税务总局公告 2014 年第 39 号）的解读第二条。该解读为官方解读。

3.6　材料的暂估结算开票、业主不接收发票条件下的税款缴纳处理

随着企业管理水平和成本控制能力的提升，项目承揽模式呈现出多样化的发展趋势，工程结算、税收管理面临的新问题、新挑战不断增多，原材料暂估进度结算开票和未结算缴税是两个典型的问题，下面介绍一下应对方式。

3.6.1 材料的暂估进度结算开票相关问题处理

为了能够及时办理进度结算、减少资源价格波动带来的风险，签订合同时往往约定出单项资源的暂估价格，该价格仅用于预付款收取和办理进度结算使用，竣工结算时多退少补。这种约定对于专业施工承包影响不大，但对于 EPC 项目的进度结算会产生很大影响。为了降低税负、控制风险，一般都会将 E、P、C 的金额及税率分别单独标注，这样就产生了一个新的问题，那就是材料、设备采购进度结算和最终结算的发票开具问题。下面进行一下具体的分析：

（1）进度结算时，根据材料的名称、规格及暂估单价开具发票；最终结算时，开红字发票将进度结算开具的发票全部冲销，并按最终的结算价格重新开具发票。这是最合理的方案，但操作时要注意以下两点：

1）与业主提前做好沟通工作，使业主能够及时提供《开具红字增值税专用发票信息表》。这是业主的法定义务，但我们要做好解释工作，消除其疑虑，政策依据为《国家税务总局关于红字发票开具有关问题的公告》（国家税务总局 2016 年第 47 号）。

2）单张红字发票的金额不能过大，开具的频次也不能过于频繁。否则可能会引起税务机关的关注，带来不必要的麻烦。

3）发票红字冲销和重新开具尽量在同一天进行，实在做不到的也至少要保证不能跨月，且发票红字冲销当月的销项税额不能为负。否则很容易被税务机关怀疑调节利润避税，带来不必要的麻烦。

（2）办理进度结算时不给业主开具发票，待价格定死最终结算时统一开具发票。根据《企业所得税税前扣除凭证管理办法》，只要是在汇算清缴期前或税务机关发现后的补救期内开具发票，在所得税方面就不存在风险；但增值税方面有问题，办理到进度结算就意味着材料采购行为已经完成，实质上达到了增值税的纳税时点，存在税务机关追缴滞纳金的风险。因此此种方案存在风险，不到万不得已不要采用。

（3）进度结算时，根据材料的名称、规格及暂估单价开具发票；最终结算时，把结算价与暂估价的差额部分单独开具发票。此种做法风险很大，千万不能采取。理由如下：

如果最终结算时仍然以材料销售名义开票，选用与进度结算相同的名称、规格会导致数量重复，涉嫌虚开，选用新的名称、规格则无中生有更涉嫌虚开。

如果最终结算时，差额部分以服务费名义开具发票则与实际业务内容不符，会遭到税务机关的质疑。采购服务费属于增值税价外费用的范畴，应当选择与所对应材料的同一税目计缴增值税，使用同一个编码开具发票。

3.6.2　业主不接收发票条件下的税款缴纳处理

因第三方审计、施工内容变更、不可抗力等客观原因导致的实际施工周期超出合同工期的现象时有发生，通情达理的业主会配合变更合同工期，客观地反映工程实际情况，避免因形式上达到纳税时点而带来税务风险。如若业主不同意变更工期，又不接受施工企业开具的发票，但客观上达到了法定的纳税时点，则可以采取如下措施来应对税收风险：

（1）开具增值税普通发票，进行税款缴纳。

（2）将开具的增值税普通发票单独留存。

（3）待工程竣工甲方接收发票时，开具红字发票将原普通发票注销，重新开具增值税专用发票。

3.7　EPC 项目合同签订应注意的涉税事项

3.7.1　EPC 项目合同涉税事项分析

2016 年全面营改增开始之时，关于 EPC 项目是属于兼营还是混合销售的争论比较尖锐，不同税务机关有不同的尺度，但随着实践中的不断摸索，现在基本形成了“EPC 项目属于兼营”的统一共识，部分省级税务机关还专门出台了文件予以明确。部分省级税务机关出台的文件如下：

（1）河南省国家税务局营改增问题快速处理机制 >> 专期十六中关于 EPC 业务纳税性质的答复：

EPC 业务不属于混合销售行为，属于兼营行为，纳税人需要针对 EPC 合同中不同的业务分别进行核算，即按各业务适用的不同税率分别计提销项税额。

（2）天津市国家税务局关于全面推行营改增试点 >> 问题专栏中关于 EPC 工程纳税性质的答复：

EPC 工程不属于混合销售，应该属于兼营项目，需要针对不同的业务进行单独核算，预缴税款时，应该只按建筑服务部分进行预缴。

3.7.2　从税收角度出发，签订 EPC 项目合同应注意的事项

针对 EPC 工程项目，能分开签订合同的，设计、采办、施工尽量分开签订；不能分开签订合同的，不要简单签一个总价合同，设计、采购、施工要分别约定金额和税率。不管以哪种模式签订合同，在含税总额一定的情况下，一定要把非关键材料全部计入到施工

部分，最大限度减少主材的份额，合理地增加不含税收入金额。千万不要犯以下两种极端错误：

（1）将 EPC 合同签成专业施工合同，税务机关很容易从项目的成本构成或结算资料中发现问题，按兼营项目未分别核算执行从高税率这一原则，要求企业补交税款、滞纳金甚至罚款。

（2）将所有的材料全部计入 P 中，EPC 合同中的 P 是指关键主材和设备，施工部分也允许有材料出现，二者没有明确界限，在把握大原则的前提下，按对企业最有利的标准进行合同约定。

3.8 油气田企业一般征收工程属地预缴税率分歧问题处理

部分地区（如河北冀东油田税务机关）执行老文件，要求油气田企业一般征收的工程也要按 3% 属地预缴增值税，他们的依据为《财政部、国家税务总局关于印发〈油气田企业增值税管理办法〉的通知》（财税〔2009〕8 号）的附件：油气田企业增值税管理办法。而主管税务机关则会根据《财政部 国家税务总局关于全面推开营业税改征增值税试点的通知》（财税〔2016〕36 号）中的附件 2《营业税改征增值税试点有关事项的规定》，要求一般工程按 2% 属地预缴。

从原理上讲，应该按 2% 属地预缴。因为虽然《财政部、国家税务总局关于印发〈油气田企业增值税管理办法〉的通知》（财税〔2009〕8 号）未明确发文废止，但依据税法“新法优于旧法”的适用原则，《财政部 国家税务总局关于全面推开营业税改征增值税试点的通知》（财税〔2016〕36 号）在《财政部、国家税务总局关于印发〈油气田企业增值税管理办法〉的通知》（财税〔2009〕8 号）之后发布的，油气田企业一般征收属地预缴应执行 2% 的税率。

但实际执行中，属地税务机关为了保证局部税源（完成税收任务指标），强行要求油气田企业按 3% 属地预缴，而机构所在地税务机关则只允许抵扣 2% 的属地预缴。经过反复沟通属地税务机关和机构所在均不让步的情况下，可以采取如下两种处理方法：

第一种方法：油气田企业按 3% 属地预缴，增值税抵扣时不和主管税务机关沟通而直接按 3% 抵扣，若被主管税务机关发现，也没有大问题，因为整体上没有少缴纳税款，只是缴纳地点问题，属于税务机关内部问题。若主管税务机关要求企业补充缴纳多抵扣的 1%，则可以要求其出具正式的税务文书（在文书中列明列明缴纳税金的依据），据此税务文书到施工所在地税务机关办理退税，如果不给办理退税则向双方税务机关的上级部门申诉或给国家税务总局局长信箱写信申诉。

第二种方法：直接向双方税务机关的上级部门申诉，如果没有结果，直接给国家税务总局局长信箱写信申诉。

3.9　占地补偿、青苗补偿的入账处理技巧

占地补偿、青苗补偿是跨区域施工过程中最难解决的问题之一，如果处理不好对项目成本控制的影响将是致命性的，既要保持灵活，又要坚持原则，在不违反相关法律的前提下，以项目成本最低为标准，综合考虑支付时间、支付金额、入账票据等因素的影响，选择适用于具体项目的最佳操作方案。下面就以赔偿方为主线分类别进行分析。

3.9.1　针对行政事业单位的占地补偿、青苗补偿问题处理

这类问题是比较好解决的，主要应对措施为：提前收集好补偿标准的相关政策依据，搞清业务的具体管理部门和管理人员，采取从上而下和从下而上相结合的策略，充分做好解释沟通和相关协调工作，确保补偿协议及时签订、补偿金额及时到位。入账票据也比较简单，只要取得行政事业单位开具的行政事业收据或资金往来收据即可，但该票据上一定要印有财政监制章（由各级财务部门印制的）。施工企业给甲方开具的发票，根据合同类型不同主要选择以下三种方式：

1. 针对签订代理赔偿协议情形

施工企业可以选择经纪代理业务的税目，通过增值税开具系统中的差额征税功能给甲方开具增值税专用发票，或采取补偿费、代理服务费分别开票的方式（补偿费开具行政事业收据或零税率的普票），代理服务费部分开具增值税专票。

2. 针对签订代赔代付协议情形

补偿费部分不给甲方开票，而是直接将收取的行政事业收据转给甲方入账（注意发票的抬头一定开具甲方的名称），以行政事业收据复印件为依据往来处理补偿费收付款问题；代理服务费部分给甲方开具增值税专用发票。

3. 针对签订施工合同

如果补偿费直接包含在施工合同内，则施工企业选择工程款的相关税目，给甲方开具增值税专用发票。

3.9.2　针对非行政事业单位的占地补偿、青苗补偿问题处理

工程占用个人、企业等其他非行政事业单位土地、青苗的，因涉及利益的人群复杂、权属证明取得困难等客观因素，操作起来比较复杂，如果处理不好会给企业代来损失或风

险，下面介绍几种常用的方法：

1. 通过增值税价外费用来解决

从长期合作的小规模服务商中选择信誉良好的合作伙伴签订工程分包合同，以支付工程款的方式将此部分费用拨付给服务商，由服务商开具增值税专用发票并进行赔偿支付，施工企业为服务商支付一定比例的服务费。根据《企业所得税税前扣除凭证管理办法》，服务商发生的无票支出可以通过收款凭证的方式分批次合理计入成本，小规模纳税人的增值税率为3%，月销售额10万元以下还免征增值税［政策依据：《财政部 税务总局关于实施小微企业普惠性税收减免政策的通知》（财税〔2019〕13号）］，应纳税所得额不超过100万元的情况下执行5%的所得税率，因此综合税负相对于赔偿额占比没有几个点，对于拿不出权属证明、金额不大但批次频繁的现金支出赔偿可以通过此种方式解决。

2. 通过场地租赁来解决

与补偿方签订场地租赁合同，开具增值税发票。下面分出租方为个人、个体工商户（合伙企业）、其他企业三种情况对税负进行分析。

（1）针对出租方为个人情形的税负分析。《国家税务总局关于营业税改征增值税委托地税局代征税款和代开增值税发票的通知》（税总函〔2016〕145号）规定个人可以开具增值税专用发票，目前增值税率为5%，《增值税法（征求意见稿）》中建议调整为3%。《财政部、国家税务总局关于进一步明确全面推开营改增试点有关劳务派遣服务、收费公路通行费抵扣等政策的通知》（财税〔2016〕47号）的第三条第（二）项明确土地出租属于不动产租赁，个人不动产租赁依据《中华人民共和国个人所得税法》要按不高于16%的比例缴纳个人所得税（税目为财产租赁；税率为20%；租金不超过为4000元的，税基为租金减去800元，租金超过4000元的，税基为租金的80%）。依据《城镇土地使用税暂行条例》要缴纳土地使用税，具体标准为每平方米年税额如下：大城市1.5～30元、中等城市1.2～24元、小城市0.9～18元、县城（建制镇、工矿区）0.6～12元。《财政部 税务总局关于实施小微企业普惠性税收减免政策的通知》（财税〔2019〕13号）规定了各省可以在50%内减征土地使用税政策，各省基本都按50%减征出台了文件。

通过上述分析可以得出出租方为个人情况下的税负为：增值税对应的增值税附加税费、政府性基金等＋不高于16%的个人所得税＋城镇土地使用税。若补偿的面积不大，计算出来的税负低于25%，则可以将此方法作为一种选择方案。

（2）针对出租方为个体工商户、合伙企业情形的税负分析。

1）占用土地为企业搬迁后不使用的原场地，经税务机关审批免征土地使用税。此种情形下，采用与“出租人为个人情形”相同的方法进行税负分析，得出税负为：增值税对应的增值税附加税费、政府性基金等＋不高于16%的个人所得税，此种情况下税负一般不会高于 25%，可以将其作为一种选择方案。

2）占用土地为不具备土地使用税免征条件或具备条件未申请免征的情形。此种情形下，采用与“出租人为个人情形”相同的方法进行税负分析，得出税负为：增值税对应的增值税附加税费、政府性基金等＋不高于 16% 的个人所得税＋城镇土地使用税。若我们补偿的面积不大，计算出来的税负低于 25%，则可以将此方法作为一种选择方案。

（3）针对出租方为其他类型企业情形的税负分析。

1）占用土地为企业搬迁后不使用的原场地，经税务机关审批免征土地使用税。此种情形下，开具增值税专用发票，税负的计算公式为：对应的增值税附加税费、政府性基金＋补偿金对企业所得税的影响值。若计算出来的税负低于 25%，则可以将此方法作为一种选择方案。

2）占用土地为不具备土地使用税免征条件或具备条件未申请免征的情形。此种情形下，开具增值税专用发票，税负的计算公式为：对应的增值税附加税费、政府性基金＋土地使用税＋补偿金对企业所得税的影响值。若计算出来的税负低于 25%，则可以将此方法作为一种选择方案。

3. 通过签订征地补偿或青苗补偿服务合同，走经济代理业务

操作方法与“通过增值税价外费用解决方法”相同，只是支付款项性质由工程款变成了服务费。若计算出来的税负低于 25%，则可以将此方法作为一种选择方案。

4. 在非增值税纳税范围上做文章，按违约金处理

根据收据、协议等相关资料所得税前列支。在营改增之前，征地补偿、青苗补偿属于营业税征税范围，但营改增后的增值税征税范围里面没有列明，因此可以理解为非增值税应税行为，天津 12366 纳税服务平台也是这么回复的。从增值税征税范围的定义上分析，属于增值税应税行为要同时具备境内、有偿、属于经营活动且为他人提供这三个条件。获得征地补偿、青苗补偿是因施工发生的偶然事件，不是所有权人购置土地、种植青苗的商业目的，因此针对所有权人而言获得补偿不属于其经营活动，不满足增值税征税范围的条件。

虽然列举了很多理由，但是采用这种操作方法一定要慎重，必须要与主管税务机关充分沟通，获得认可后再进行操作，否则很可能面临税收风险。因为只有发票才能进成本的思想在很多人心中已经根深蒂固，税收法律又没有明确把征地补偿、青苗补偿列入不征税范围，这种操作方法是根据征税范围反推和税法原理分析出来的结论。

5. 收据直接进成本

收据直接进成本的代价是不允许所得税前扣除，需要进行纳税调整，如果没有亏损抵补则要缴纳 25% 的企业所得税，但是对于留抵亏损较大调整后仍不用交税或仅缴纳少量税金的企业而言这是一种最佳的操作方案。

针对非行政事业单位的占地补偿、青苗补偿问题处理，前面提到了五种操作方法，每种方法都有着自己的优缺点，在具体应用中要客观分析，根据工程项目所处的客观环境、施工组织的具体特点，结合企业的整体损益状况，选择一种或多种方法结合的最佳操作方案。

3.10 纳税申报涉及的金税三期系统说明

（1）个人所得税是金税三期单独的一个系统，系统名称为“自然人税收管理系统扣缴客户端”，不依托增值税管理系统，而是单独进行数据采集、纳税申报和税款缴纳等相关管理。

（2）企业所得税和增值税在金税三期中属于一个系统，但属于两个模块，所得税申报不是在增值税月度数据基础上填报，而是单独进行数据采集、纳税申报和税款缴纳等相关管理，原因为：纳税时点不同引起的，在纳税时点上税基不同。

（3）某些省市省内跨区域施工不预缴个人所得税和企业所得税（如天津），但该区域内的某些央企的分公司是从外省市转过来的（税务登记号是外省市的），系统里仍按外省市处理，仍然弹出预缴窗口，此种情况应该及时上报税务机关解决，在未解决之前暂时通过线下操作。

（4）个人所得税（核定征收）和企业所得税属地预缴，使用附征税表单，同增值税附加一同申报缴纳。以前所得税属地预缴申报时手工填报，为了维护局部税源，有的税务局要求按“含增值税价”预缴，而其主管税务机关不允许抵扣“增值税额对应的预缴部分”，但现在基本都是系统自动传递数据（直接弹出“不含税价”作为预缴基数），不存在这个问题了。

3.11 超营业范围开票问题处理及政策依据分析

3.11.1 如何处理超营业范围开票

随着纳税人的经营业务日趋多元化，在主营范围以外发生其他属于增值税应税范围的业务已经非常普遍。截至目前，国家税务总局从未明确规定过超越经营范围发生的业务不允许开具增值税专用发票，某些税务机关曾规定过超出其经营范围代开专用发票的情形。因此建议，企业如果发生临时性业务，可以向主管税务机关说明情况后，增加相应税目，自行开具发票。如果发生经常性业务，最好先到工商部门变更经营范围，再由主管税务机关重新核定相关税目，然后自行在开票系统查找、增加税目开具发票。

3.11.2　超营业范围开票的政策依据分析

（1）2016 年 5 月 6 日国家税务总局政策解答政策组发言材料中的答复：

9. 一般纳税人发生超出税务登记范围业务，是自开发票还是由税务机关代开发票？

答：一般纳税人一律自开增值税发票。

（2）江苏省税务局关于超营业范围开票的答复：

问：我单位发生一项不在经营范围内的业务，请问这个该怎么开票，去税务局大厅代开还是自己开？

答：根据《国务院关于修改〈中华人民共和国发票管理办法〉的决定》（中华人民共和国国务院令第 587 号）及《增值税发票开具使用指南》（税总货便函〔2017〕127 号）规定，销售商品、提供服务以及从事其他经营活动的单位和个人，对外发生经营业务收取款项，收款方应当向付款方开具发票；特殊情况下，由付款方向收款方开具发票。

因此，纳税人发生应税行为，除国家有明令禁止销售的外，即使超出营业执照上的经营范围，也应当据实开具发票。

来源：江苏省税务局　　日期：2019 年 7 月 30 日

（3）广东省税务局关于超营业范围开票的答复：

问：我们公司是小规模纳税人，现有自有房屋出租，但我们公司的经营范围没有自有房屋租赁这一项。如果我们要在电子税务局中申请代开房屋租赁的增值税专用发票，是否需要增加经营范围？

答：根据《中华人民共和国发票管理办法》及其实施细则的规定，销售商品、提供服务以及从事其他经营活动的单位和个人，对外发生经营业务收取款项，收款方应当向付款方开具发票。开具发票应当按照规定的时限、顺序、栏目，全部联次一次性如实开具，并加盖发票专用章。单位和个人在开具发票时，必须做到按照号码顺序填开，填写项目齐全，内容真实，字迹清楚，全部联次一次打印，内容完全一致。因此，收款方应当按照发票管理办法规定及企业实际经营业务的内容如实向付款方开具发票。

另外，如纳税人需增加的开票和申报税目没有超出经营范围的，可自行或者联系防伪税控服务单位，在开票系统和申报系统查找、增加税目。

如纳税人需增加的税目超出经营范围的，应先联系主管税务机关重新核定，然后自行在开票系统和申报系统查找、增加税目，相关系统操作可咨询服务单位。

此外，纳税人现从事的经营业务是否超经营范围经营建议可向工商部门进行咨询。涉及具体征管问题请向主管税务机关进一步咨询。上述回复仅供参考，感谢您对本网站的支持！

来源：广东省税务局　　日期：2019年7月13日

（4）内蒙古自治区国家税务局营改增期间增值税发票相关问题解答：

四、增值税发票的开具范围

纳税人的经营业务日趋多元化，在主营范围以外也会发生其他属于增值税应税范围的经营活动。所以纳税人自行开具增值税发票或向税务机关申请代开增值税发票时，不受其营业执照中的营业范围限制，只要发生真实的应税业务均可开具增值税发票。

（5）甘肃省国家税务局关于发票开具使用涉及相关政策及问题回复：

23. 一般纳税人发生超出税务登记经营范围业务，是自开发票还是由税务机关代开发票？

答：一般纳税人一律自开增值税发票。

32. 小规模纳税人超出经营范围如何开具发票？

答：超范围经营开具发票分以下两种情况：

临时性业务，建议向主管税务机关说明情况后，增加相应征收品目，自行开具发票。需要专用发票的建议携带代开增值税专用发票所需资料至主管税务机关办税服务大厅，向主管税务机关说明情况，由主管税务机关办理代开专票事宜。

经常性业务：建议先联系工商部门变更经营范围，再由主管税务机关增加相应的征收品目及征收率，自行开具发票。需要专票的建议先联系工商部门变更经营范围，再携带代开增值税专用发票所需资料至主管税务机关办税服务大厅办理代开专票事宜。

（6）湖北国税局营改增政策执行口径第四辑

纳税人发生营业执照的经营范围以外的业务，可以向工商部门申请变更营业执照范围，工商部门不予变更营业执照范围的，纳税人可自行开具发票。

依据上述总局的政策解答和地方国税局的营改增政策执行口径，纳税人发生营业执照的经营范围以外的业务，只要发生真实的应税业务均可自行开具增值税发票。税务局也只能建议企业先联系工商部门变更经营范围，再由主管税务机关增加相应的征收品目及征收率，自行开具发票。这也就说明，开票项目超出营业执照经营范围，只要应税业务是真实的，就不能直接被认定为虚开发票。

第 4 章　十大涉税犯罪典型性案例剖析

2019 年 7 月 31 日，公安部公布了新近查处的十大涉税犯罪典型案件，涉税金额之巨大令人震惊，下面就从具体的案件内容、对企业税收管理的警示作用两个方面进行阐述分析。

4.1　十大涉税犯罪典型案件介绍

4.1.1　安徽合肥“11 · 19”虚开增值税专用发票案

2018 年 11 月，安徽合肥公安机关根据税务部门移送的线索，摧毁了一个以邱某塔为首的犯罪团伙。经查，自 2017 年以来，该犯罪团伙纠集财务公司人员，大量注册空壳公司领购发票后大肆对外虚开。经深挖扩线，发现该团伙控制空壳公司 1.1 万余个，涉案金额达 910 余亿元。目前，该案还在进一步侦办之中。

4.1.2　山东东营“2 · 07”虚开增值税专用发票案

2018 年 2 月，山东东营公安机关根据公安部下发的线索，锁定了一个以犯罪嫌疑人刘某峰为核心的犯罪团伙。经查，该团伙成员采取“变票”方式，在无实际生产活动的情况下，将化工产品等消费税非应税产品发票变更为成品油等消费税应税产品发票，向全国 9 个省市 100 多家企业大肆虚开，涉案金额达 300 余亿元。2019 年 1 月，东营公安机关开展收网行动，抓获犯罪嫌疑人 13 名，挽回税款损失 4 亿余元。

4.1.3　上海汪某良团伙危害税收征管秩序案

2018 年 4 月，上海公安机关根据公安部下发的线索，锁定了一个由多个犯罪团伙组成的犯罪网络。经查，汪某良为首的犯罪团伙通过非法手段控制空壳公司，詹某为首的犯罪团伙利用空壳公司进行第一层“洗票”，毛某燕为首的犯罪团伙利用空壳公司“过票”并修改品名，勾某翼为首的犯罪团伙利用空壳公司对外虚开，形成“一条龙”犯罪链条，涉案金额达 110 余亿元，涉及空壳公司 3800 余家。2019 年 1 月，上海公安机关组织 550

名警力，在五地开展同步收网，抓获犯罪嫌疑人73名。

4.1.4 浙江金华“12·12”虚开增值税专用发票案

2018年12月，浙江金华市公安局根据税务部门移送的线索，组织专案组开展侦查。经查，2017年5月以来，犯罪嫌疑人咸某山、张某民等人，在多地注册大量空壳公司，通过伪造合同、资金走账回流、“洗票”等方式进行虚开。经深挖扩线，发现该犯罪网络涉及全国2500多家企业，涉案金额达500亿元。2019年5月，专案组开展收网行动，抓获嫌疑人17名，捣毁窝点8处，冻结涉案资金3600余万元。

4.1.5 天津“3·06”虚开增值税普通发票案

2019年2月，天津市公安部门根据税务部门移送的线索，成立联合专案组，打掉两个犯罪团伙。经查，该犯罪团伙通过成立10余户空壳劳务派遣服务公司，非法购买、冒用大量自然人身份信息，虚构劳务派遣业务和人力资源外包服务，大肆虚开“劳务费”“服务费”增值税普通发票，涉案金额达40亿元。2019年4月，专案组开展收网行动，抓捕犯罪嫌疑人8人。

4.1.6 河北张家口“5·06”虚开增值税专用发票案

2019年2月，河北张家口公安局根据公安部下发的线索，发现了一个以张某纯、赵某、魏某为首的犯罪团伙。经查，该团伙于2014年以来，控制多家空壳公司，从上游企业购买虚开的增值税专用发票，之后向下游企业大肆虚开并收取开票费，涉案金额达13亿元。5月24日，张家口公安机关开展收网行动抓获犯罪嫌疑人12名，捣毁窝点3处。

4.1.7 江苏南京“2·27”骗取出口退税案

2018年10月，江苏省公安厅接到南京海关缉私局移交的线索，组成联合专案组。经过6个月的缜密调查，锁定了以姚某刚为首的犯罪团伙。经查，该团伙利用白银、铼板经简单加工组装成所谓有高技术含量的“溅射靶材组件”并出口至香港，再将白银拆解后就地销售，铼板走私回流境内，大肆骗取出口退税。据统计，该犯罪团伙涉嫌骗取出口退税3.7亿元。2019年5月，专案组组织150名警力开展收网行动，抓获犯罪嫌疑人50余名，当场缴获白银5500余千克、铂金178千克。

4.1.8 辽宁“3·21”骗取出口退税案

2019年3月，辽宁公安机关根据税务部门移送线索，成立联合专案组，成功锁定以王某林等人为首的两个骗税犯罪团伙。经查，该团伙在辽宁阜新先后注册成立 4 家假出口生产企业，以皮草类货物虚假报关，并伪造虚假备案单证、虚假资金流，涉嫌骗取出口退税 1.5 亿元。2019 年 6 月，专案组在北京、天津、黑龙江等地开展统一收网行动，共抓获犯罪嫌疑人 11 人。

4.1.9　广东珠海“涉税会战六号”制售假发票案

2018 年 11 月，广东珠海公安机关接税务部门移送的线索，发现了一个研发非法软件并套打出售假发票的犯罪团伙。经查，该犯罪团伙及网络遍及全国各地，涉案金额达 300 亿元。2019 年 5 月，在公安部的直接指挥下，全国各涉案地出动 500 余名警力，抓获犯罪嫌疑人 57 名，捣毁窝点 30 个。

4.1.10　四川乐山“1·29”虚开增值税发票和伪造出售假发票案

2019 年 1 月，四川乐山公安机关会同税务部门开展联合行动，研判锁定了一个重大犯罪团伙。该犯罪团伙采取注册空壳公司、收购僵尸企业等方式，大肆骗领、虚开增值税专用发票、普通发票，涉案金额达 7.47 亿元。同时，该团伙还通过非法软件套打出售假发票，涉案金额达 317 亿元。3 月，乐山公安机关开展第二波次收网，又抓获犯罪嫌疑人 5 名。目前该案还在进一步深挖之中。

4.2　案件对企业税收管理工作的警示作用

4.2.1　案件产生的原因分析

十大涉税犯罪典型案件主要集中在虚开、虚假发票和骗取出口退税这两个方面，其中：虚开、虚假发票案件数量占比达到了 80%，涉案金额占比更是达到 99.8%。出口骗税是一种骗取国家资金的行为，与跨区域施工联系不大，因此下面仅就虚开、虚假发票案件产生的原因进行剖析。

1. 从宏观方面分析虚开、虚假发票案件的产生原因

（1）增值税链条不完整：进项税抵扣未能覆盖到链条的最前端，以农产品生产、各类矿产资源采掘等自然滋生物为原材料的企业抵扣凭证管理先天不足；在增值税链条的运行过程中，由于增值税税率档次过多，“高征低扣”“低征高扣”不可避免，为增值税发票错位虚开提供了空间；由于增值税优惠政策繁多，以及各级政府出台的招商引资财政返还政策等，为增值税发票滥用虚开打开缺口。

（2）时间空间上的错位规定：销货方当月开具的增值税专用发票，不在当月申报缴纳税款，应在下月申报期作为销项税金计算缴纳税款，造成开票和实际申报纳税存在时间差；购货方取得的发票，可以在开具之日起 360 日内认证并申报抵扣税款。违法犯罪分子利用销售方开票和购货方抵扣的时间差，频繁注册商贸企业，通过当月大量虚开发票，在下月申报期前或购货方认证抵扣前逃走的方式，快速获利。

（3）公司注册手续简单且成本低：随着国家简政放权的不断推进，企业登记的门槛不断降低，注册、管理、运营公司的成本不断减少，给不法分子运用壳公司虚开、伪造发票创造了条件。

（4）需求数量大：随着全面营改增的推行，增值税已经形成了经营行为的全覆盖，增值税自开票的范围也在不断扩大，巨大的发票需求群体使不法分子看到了商机。

2. 从监管层面分析虚开、虚假发票产生的原因

（1）虚开发票产生的原因分析

虚开是在合法外衣掩盖下的违法行为，其通过各种筹划方式制造的贸易背景形式上是合法的，所利用的税收优惠政策也都是有据可查的，策划者设计的虚开方案构架一般都比较复杂且隐蔽性强，无法通过感官和税收政策直接判断，要通过深挖业务本质和全链条分析才能得出结论，职业判断含量高导致了不同执法人员可能得出不同的认定结论。综上所述，虚开案件的涉案链条长、查处难度大、办案周期长，犯罪分子只要发现苗头不对可以通过切断中间链条迅速脱身，2011 年刑法修正案又取消了虚开、伪造出售增值税发票的死刑，给不法分子感官上的惩戒震慑力度不够，因此虚开成了不法分子通过税收违法获利的首选方式。

（2）虚假发票产生的原因分析

2017 年 7 月 1 日之前没有官方的查验平台，专用发票以外的其他发票无法直接从官方查验真伪；专用发票的勾选、校验系统仅能查验发票号码、发票号码、双方纳税人识别号、开票日期、金额、税额；简易征收等不允许抵扣进项税的项目，收取的专用发票还可以不验证而直接当普票使用。因此有效的识别和防范措施还不够完善，给违法分子以可乘之机，即使是现在有了官方的查验平台，因普及情况、查验期限、查验范围等限制条件也不能涵盖全部营业范围。

3. 从企业层面分析虚开、虚假发票案件的产生原因

（1）企业对虚开、虚假发票的识别、防范能力不足或重视程度不够，对发票及税收管理政策掌握不够透彻，业务部门与财税部门之间的融合程度还不够，使虚开发票、虚假发票的流通存在着一定空间。

（2）一些企业被获利的侥幸心理冲昏了头脑，对使用虚开、虚假发票面临的税收风险估计不足，扩大某些特殊税收政策的使用范围，变相助推了虚开、虚假发票的泛滥。例如：有的企业为了追求利润最大化，扩大简易征收进项专用发票直接入账的范围，将通过筹划方式取得的可能包含虚开、虚假发票的所有发票直接入账，认为只要没有认证和抵扣进项税就不存在风险，殊不知隐含着的风险非常大，隐含风险内容分析如下：

首先，政策上可以抵扣而由于非客观因素没有抵扣的增值税是不允许所得税前扣除的，此种行为从税法上讲是一种虚增成本的行为；其次，此种做法让人不能理解，本来可以抵扣的为什么不抵扣，容易让人怀疑故意掩盖问题；再次，专用发票不抵扣会形成滞留票，可能会引起金税三期系统预警及税务机关的关注，对企业的税务信用等级也会产生影响。

4.2.2　企业预防虚假发票、虚开发票应注意的问题

简政减税降负和税务系统“放管服”改革优化了办税流程，释放了大量的税收优惠红利，在优化营商环境、减少企业税收成本方面起了很大作用，但也给一些不法分子伪造、虚开发票创造了机会，因此在接受发票时要严把审核关，避免因相关方的税收违法影响到公司运营。虚开、虚假发票的具体防范措施，本书第三章已经阐述了，这里不再重复，下面再强调一下实务中收取、开具发票应注意的几个关键点：

（1）开票时一定按照实际商品进行开具，不得变更名称，不能按照客户不合理的要求开具；要按照实际金额和内容开具发票，不得虚开。

（2）收取材料、设备等货物类发票，开具方为商贸企业的，必须保证发票的品名、规格、单位、数量等要素与其进项发票一一对应（其中，开具数量要保证小于该种商品的所有进项之和）；开具方为其他企业的，要保证发票的品名、规格、单位、数量等要素与其进项发票有合理的对应关系。

（3）收取的服务类发票，一定要保证与接受的服务一致，并将合同、服务日志（或相关服务记录）、考勤（或签订记录）、结算资料等相关佐证资料留存好。

（4）不管进项税额是否允许抵扣，都要将收取的增值税专用发票全部验证抵扣，不允许抵扣进项税的那部分再做进项税转出处理。

（5）对于超过一年已无法通过官方平台查验，但根据企业所得税的相关政策可以抵减所得税的增值税发票，必须联系发票所属的主管税务机关核实真伪。

（6）收取专用发票、普通发票、电子发票等通过新系统开具的增值税发票时，要注意发票中的以下内容：双方的纳税人识别号、品名、规格、单位、数量、单价等信息是否填列齐全、准确；品名栏次是否填写“商品、服务类别”和“商品、服务名称”两项内容，且二者之间是否有合理的对应关系。

（7）收取附带销货清单的增值税专用发票，该销货清单一定要从增值税发票管理系统

中开具；收取附带销货清单的其他类型的增值税发票，以“购物清单或小票”为销货清单。

（8）收取成品油发票要注意：必须是通过增值税发票管理新系统中成品油发票开具模块开具的，专用发票、普通发票、电子普通发票左上角打印“成品油”，普通发票（卷式）不用打印“成品油”；成品油专用发票，“数量栏”必录、“单位栏”必须选择“吨”或“升”；必须有商品和服务税收分类编码；成品油发票不支持销货清单。

（9）发票打印的时候，一定要规范地打印到发票上，不能出格，不能打印不完整（有些打印机设置的原因，往往后面打不全）。

（10）专用发票在传递过程中，不能折叠、损坏、污染。

4.2.3 针对涉嫌虚开案件审查应规避的不当方法

涉嫌虚开案件有着和一般案件不同的特点，主要是公检法未必熟悉税务，而税务机关未必熟悉法律，更重要的是：对于什么是虚开，什么是真实交易，虚开对国家增值税税款的影响，公检法和税务机关未必真的清楚。涉嫌虚开案件通常不会出现一般人都能看出的错误，一旦出现错案需要长期的申诉才可能平反。而错案的发生，除了客观因素外，与纳税人应对不当有着直接关系，下面介绍最常见的三种不当应对方法。

1. 忽视税务机关文书的作用

（1）忽视法律文书作用的具体表现

这种方式是最常见的不当方法，具体表现为：当税务机关以《税务处理决定书》和《税务行政处罚决定书》做出虚开认定后，认为税务机关的做法缺乏依据且最终刑责追究由法院认定，没有必要在税务阶段耗费太多的精力，从而不提出行政复议或行政诉讼，坐等虚开认定生效，待刑事诉讼阶段再进行无罪认定的博弈。

（2）操作方法的不合理性分析

1）在涉嫌虚开案件中，税务机关出具《税务处理决定书》和《税务行政处罚决定书》后，纳税人可以申请行政复议或行政诉讼，如果复议机关或法院实体上撤销了虚开的认定，涉嫌虚开案件通常会就此终结。采取行政复议，作为复议主体的税务机关更加熟悉增值税，更容易得出对纳税人有利的论断；采取行政诉讼，虽然比不上行政复议对纳税人有利，但因案件性质和所依据证明资料的效力不同，相比于刑事诉讼而言所做出的判决往往对纳税人更为有利。因此实践中，在行政复议或行政诉讼程序中推翻虚开的难度远远小于刑事诉讼。

2）税务机关出具《税务处理决定书》和《税务行政处罚决定书》后，纳税人没有提起行政复议和行政诉讼，待税务文书生效后，律师在刑事程序中是很难推翻虚开认定的。原因分析如下：

对这类并非法官擅长的案件，法官通常难以相信律师的意见，即使律师所提的意见在专业上是常识。当然，法院也未必相信公安和检察官，但是法官肯定会非常信任税务机关的决定，对公安、检察官的信任度也会高于律师。基于上述观点我们进一步分析，如果法院意欲认定不是虚开，就面临这样一个问题："税务机关都已经认定为虚开并且文书生效，自己凭什么不认定虚开呢？"若复议机关撤销了虚开的认定，法官同样面临类似的问题："复议机关都已经撤销了虚开的认定，自己凭什么认定为虚开呢？"

2. 不知轻重，胡乱陈述

实际上，纳税人通常难以判断是否系虚开，有时侦查机关也难以判断，这种情况下，侦查机关通常会讯问纳税人是否知道自己行为的性质？纳税人为了配合公安机关，同时表现态度好，会说自己的行为属于虚开的性质，之后的各种言辞证据都围绕虚开字眼来陈述，以为这样回答就会取保候审，以为这样就会没事，哪怕明显不是虚开。可在实践中的经验总结是：任何一个非直接交付方式的交易，都可以轻松地用言辞证据解释为虚开。

纳税人正确的做法是：就开具发票当时为什么那样开具发票做出陈述，以及就发票记载事项在发票抬头上的购销双方之间是否存在真实交易做出如实陈述，并同时如实陈述自己判断真实交易的标准是什么。至于是否是虚开，那个是司法机关定性的问题，纳税人完全可以不予回答，直接告诉公安机关："我会如实陈述事实本身，但是是否系虚开，自己无权判定而应当由司法机关来判定。"

对于当事人自己陈述是虚开的案件，可能法官会想，反正自己也不懂增值税和虚开，既然你自己都承认是虚开性质的，那就按照虚开来判吧，反正你自己都承认了。

3. 关键抗辩点偏离

有些明明不是虚开的案子，纳税人的抗辩清一色是：不以骗取税款为目的虚开增值税专用发票不构成犯罪。就算你能证明你没有骗取税款的目的，你也很难证明你的行为没有导致国家税款损失；就算你真的能证明国家税款没有损失，但由于法官对增值税业务的理解深度问题，一般也很难相信你的论断。纳税人首先应当思考的是：行为是否是虚开，如果连虚开都不是，税款是否损失都不能认定虚开增值税专用发票罪。

例如：纳税人以"自己真实的进项税额抵扣了开具出去的销项，并且没有拖欠税款"为由，抗辩国家税款没有损失。尽管国家税款真的没有损失，但法官未必能够真的搞清楚，而且很可能直接将抵扣的税额认定为国家税款损失金额。

实务中，由于虚开的概念和具体含义比较专业，很多人并不熟悉和真正理解。目前司法实践中，判定虚开主要是依据难以合理解释的资金回流、口供、税务机关的认定。

第5章　跨区域涉税事项的留存资料管理

一定要按税种，分类登记留存所有操作资料，建立台账，对于因客观原因无法保存原件的，至少要保留复印件或扫描件。建议相关台账交由档案管理部门管理，对于使用、转移、交接等建立一整套管理制度，对于资料因借阅、使用等离开档案室一定要留存复印件（不要怕麻烦）。

目前涉及的资料主要有：

（1）增值税相关的税种属地预缴涉及的资料：跨区域事项报告、完税凭证（原件放财务凭证，资料留存复印件）、《经营地涉税事项反馈表》、工程决算书（或提供给税务机关的类似结算资料）、主包发票、完税凭证、分包抵扣发票、业务涉及的其他资料。

（2）个人所得税全员全额申报资料：根据具体税务机关要求提供的相关资料。一般包括：项目人员工资表、社保交纳证明（盖章）、跨区域涉税事项报告（外经证）、《施工企业个人所得税据实征收认定表》（或税务局出具的个人所得税全员全额申报的批复资料）、工程项目报验登记表（依法律应提供城建部门批准开工的文件，但外经证改为跨区域事项报告后一般不要求提供，只需提供工程报验的相关资料即可，以税务局的要求为准）、开工报告、合同复印件、收款进账单、办理登记时提供的开户行账户、办理登记时提供的营业执照等。

（3）个人所得税核定征收依据的文件，核定征收认定的相关资料；施工所在地税务局代征工会经费的文件及金额标准核定资料。

第 6 章　部分重点问题附件详细解析

6.1　江西瑞金项目个人所得税全员申报提供资料及流程

江西瑞金项目经测算若核定征收，整体预计多缴税金 50 万元且直接增加企业成本（不能抵减个人个税），经与当地地税局多次联系沟通，可以办理全员申报据实征收。

经讨论研究并报公司主管部门同意，项目部准备上述资料并上报江西瑞金税务局税源管理部门，经审核后开具了《施工企业个人所得税据实征收认定表》（图 6-1）。

从 2018 年 10 月起开始全员申报个人所得税，每月项目部向职工收取个税，由专职人员携带《施工企业个人所得税据实征收认定表》，去当地税务局办理缴税并打印完税证明。

江西瑞金市税务局办理施工企业个人所得税据实征收认定所需要的资料列表如下：

（1）项目全部工作人员工资表；

（2）全员交纳社保证明（盖章）；

（3）开工报告；

（4）合同复印件；

（5）收款进账单；

（6）外经证。

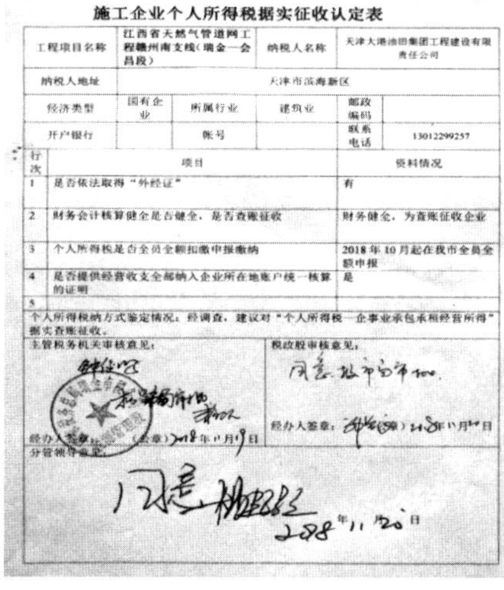

施工企业个人所得税据实征收认定表

工程项目名称	江西省天然气管道网工程赣州南支线（瑞金—会昌段）		纳税人名称	天津大港油田集团工程建设有限责任公司	
纳税人地址	天津市滨海新区				
经济类型	国有企业	所属行业	建筑业	邮政编码	
开户银行		帐号		联系电话	13012299257

行次	项目	资料情况
1	是否依法取得“外经证”	有
2	财务会计核算健全是否健全，是否查账征收	财务健全，为查账征收企业
3	个人所得税是否全员全额扣缴申报缴纳	2018 年 10 月起在我市全员全额申报
4	是否提供经营收支全部纳入企业所在地账户统一核算的证明	是
5		

个人所得税纳方式鉴定情况：经调查，建议对“个人所得税—企事业承包承租经营所得”据实查账征收。

主管税务机关审核意见：	税政股审核意见：
经办人签章：　（公章）2018 年 11 月 9 日	经办人签章：　年 11 月 日

分管领导意见：

年　月　日

图 6-1　施工企业个人所得税据实征收认定表

6.2 惠州海管项目办理个人所得税全员申报提供资料及流程

经测算惠州海管项目若核定征收，整体预计多交税金 104 万元（结算额 26000 万元 × 0.4%）且直接增加企业成本（不能抵减个人个税），经与当地地税局多次联系沟通，可以办理全员申报据实征收，具体的流程如下：

（1）提供备案资料：合同（原件及复印件）、外经证（复印件）、印花税凭证（复印件）、营业执照（复印件）、法人身份证复印件、经办人身份证复印件、工程造价汇总表、场所证明

（2）税务机关两个工作日的审核

（3）取得个人所得税核定征收认定表，进行申报、缴税

6.3 《财政部 国家税务总局关于全面推开营业税改征增值税试点的通知》（财税〔2016〕36 号）附件 1《营业税改征增值税试点实施办法》第四十五条

第四十五条　增值税纳税义务、扣缴义务发生时间为：

（一）纳税人发生应税行为并收讫销售款项或者取得索取销售款项凭据的当天；先开具发票的，为开具发票的当天。

收讫销售款项，是指纳税人销售服务、无形资产、不动产过程中或者完成后收到款项。

取得索取销售款项凭据的当天，是指书面合同确定的付款日期；未签订书面合同或者书面合同未确定付款日期的，为服务、无形资产转让完成的当天或者不动产权属变更的当天。

（二）纳税人提供建筑服务、租赁服务采取预收款方式的，其纳税义务发生时间为收到预收款的当天。①

（三）纳税人从事金融商品转让的，为金融商品所有权转移的当天。

（四）纳税人发生本办法第十四条规定情形的，其纳税义务发生时间为服务、无形资产转让完成的当天或者不动产权属变更的当天。

①《财政部 税务总局关于建筑服务等营改增试点政策的通知》（财税〔2017〕58 号）：本项自 2017 年 7 月 1 日起修改为“纳税人提供租赁服务采取预收款方式的，其纳税义务发生时间为收到预收款的当天”；同时还规定纳税人提供建筑服务取得预收款，应在收到预收款时，以取得的预收款扣除支付的分包款后的余额，按照规定的预征率预缴增值税。

（五）增值税扣缴义务发生时间为纳税人增值税纳税义务发生的当天。

6.4 《财政部 国家税务总局关于全面推开营业税改征增值税试点的通知》（财税〔2016〕36 号）附件 2《营业税改征增值税试点有关事项的规定》

4. 一般纳税人跨县（市）提供建筑服务，适用一般计税方法计税的，应以取得的全部价款和价外费用为销售额计算应纳税额。纳税人应以取得的全部价款和价外费用扣除支付的分包款后的余额，按照 2% 的预征率在建筑服务发生地预缴税款后，向机构所在地主管税务机关进行纳税申报。

5. 一般纳税人跨县（市）提供建筑服务，选择适用简易计税方法计税的，应以取得的全部价款和价外费用扣除支付的分包款后的余额为销售额，按照 3% 的征收率计算应纳税额。纳税人应按照上述计税方法在建筑服务发生地预缴税款后，向机构所在地主管税务机关进行纳税申报。

6.5 《财政部 税务总局关于建筑服务等营改增试点政策的通知》（财税〔2017〕58 号）规定

二、《营业税改征增值税试点实施办法》（财税〔2016〕36 号印发）第四十五条第（二）项修改为“纳税人提供租赁服务采取预收款方式的，其纳税义务发生时间为收到预收款的当天”。

三、纳税人提供建筑服务取得预收款，应在收到预收款时，以取得的预收款扣除支付的分包款后的余额，按照本条第三款规定的预征率预缴增值税。

按照现行规定应在建筑服务发生地预缴增值税的项目，纳税人收到预收款时在建筑服务发生地预缴增值税。按照现行规定无须在建筑服务发生地预缴增值税的项目，纳税人收到预收款时在机构所在地预缴增值税。

适用一般计税方法计税的项目预征率为 2%，适用简易计税方法计税的项目预征率为 3%。

第 7 章　正文、附件涉及的主要政策法规汇编

7.1　常用法律条文查询介绍

本文涉及的部分文件属于常用的法律条文，文章篇幅过长且在网络上很容易查到，故在这里就不再列举。最直接的方式是登录国家税务总局官网，直接搜索文件号或文件名（注意：若搜索文件号则括号必须选择“〔 〕”，如财税〔2016〕36 号），或在政策法规库栏目中搜索文件名或文件号。本文涉及的此类性质的法律条文如下：

《财政部 国家税务总局关于全面推开营业税改征增值税试点的通知》（财税〔2016〕36 号）；

《财政部 税务总局关于建筑服务等营改增试点政策的通知》（财税〔2017〕58 号）；

《国家税务总局关于明确中外合作办学等若干增值税征管问题的公告》（国家税务总局公告 2018 年第 42 号）；

《国家税务总局关于简化建筑服务增值税简易计税方法备案事项的公告》（国家税务总局公告 2017 年第 43 号）；

《财政部 国家税务总局关于扩大有关政府性基金免征范围的通知》（财税〔2016〕12 号）；

《财政部 税务总局关于实施小微企业普惠性税收减免政策的通知》（财税〔2019〕13 号）；

《中华人民共和国印花税暂行条例》；

《财政部 税务总局关于对营业账簿减免印花税的通知》（财税〔2018〕50 号）；

《安装业个人所得税征收管理暂行办法》；

《国家税务总局关于建筑安装业跨省异地工程作业人员个人所得税征收管理问题的公告》（国家税务总局公告 2015 年第 52 号）；

《财政部 税务总局关于公共租赁住房税收优惠政策的公告》（财政部 国家税务总局公告 2019 年第 61 号）；

《财政部 税务总局关于支持小微企业融资有关税收政策的通知》（财税〔2017〕77 号）；

《财政部、国家税务总局关于继续实行农村饮水安全工程建设运营税收优惠政策的通知》(财税〔2016〕19号);

《财政部 税务总局 海关总署关于北京2022年冬奥会和冬残奥会税收政策的通知》(财税〔2017〕60号);

《关于雇主为雇员承担全年一次性奖金部分税款有关个人所得税计算方法问题的公告》(国家税务总局公告2011年第28号);

《中华人民共和国耕地占用税法》;

《中华人民共和国城镇土地使用税暂行条例》;

《财政部 国家税务总局关于全面推进资源税改革的通知》(财税〔2016〕53号);

《〈水资源税改革试点暂行办法〉的通知》(财税〔2016〕55号);

《资源税征收管理规程》;

《中华人民共和国资源税法》;

《中华人民共和国环境保护税法》;

《中华人民共和国环境保护税法实施条例》;

《国家税务总局关于创新跨区域涉税事项报验管理制度的通知》(税总发〔2017〕103号);

《财政部 国家税务总局 住房和城乡建设部关于进一步做好建筑行业营改增试点工作的意见》(税总发〔2017〕99号);

《国家税务总局关于明确跨区域涉税事项报验管理相关问题的公告》(国家税务总局公告2018年第38号);

《税收票证管理办法》(国家税务总局令第28号);

《国家税务总局关于小规模纳税人免征增值税政策有关征管问题的公告》(国家税务总局公告2019年第4号);

《财政部 税务总局关于延续小微企业增值税政策的通知》(财税〔2017〕76号);

《国家税务总局关于发布〈企业所得税税前扣除凭证管理办法〉的公告》(国家税务总局公告2018年第28号);

《中华人民共和国增值税暂行条例》;

《国家税务总局关于进一步明确营改增有关征管问题的公告》(国家税务总局公告2017年第11号);

《国家税务总局关于启用全国增值税发票查验平台的公告》(国家税务总局公告2016年第87号);

《国家税务总局关于纳税人对外开具增值税专用发票有关问题的公告》(国家税务总局

公告2014年第39号）；

《国家税务总局关于红字增值税发票开具有关问题的公告》（国家税务总局公告2016年第47号）；

《财政部、国家税务总局关于印发〈油气田企业增值税管理办法〉的通知》（财税〔2009〕8号）；

《国家税务总局关于营业税改征增值税委托地税局代征税款和代开增值税发票的通知》（税总函〔2016〕145号）；

《财政部 国家税务总局关于股权分置试点改革有关税收政策问题的通知》（财税〔2005〕103号）；

《财政部 国家税务总局关于企业改制过程中有关印花税政策的通知》（财税〔2003〕183号）；

《财政部 国家税务总局关于被撤销金融机构有关税收政策问题的通知》（财税〔2003〕141号）；

《国家税务总局关于建筑安装企业扣缴个人所得税有关问题的批复》（国税函〔2001〕505号）；

《国家税务总局关于纳税人取得不含税全年一次性奖金收入计征个人所得税问题的批复》（国税函〔2005〕715号）；

《国家税务总局关于跨地区经营建筑企业所得税征收管理问题的通知》（国税函〔2010〕156号）；

《财政部 国家税务总局关于调整房地产交易环节税收政策的通知》（财税〔2008〕137号）；

7.2 其他法律条文查询

7.2.1 《天津市国家税务局 天津市地方税务局关于跨地区经营建筑企业所得税相关征管问题的公告》（天津市国家税务局、天津市地方税务局公告2017年第2号）

天津市国家税务局 天津市地方税务局关于跨地区经营建筑企业所得税相关征管问题的公告

天津市国家税务局、天津市地方税务局公告2017年第2号

根据《国家税务总局关于跨地区经营建筑企业所得税征收管理问题的通知》（国税函

〔2010〕156 号，以下简称《通知》）有关规定，现将跨地区经营建筑企业所得税相关征管问题公告如下：

一、外省（市）建筑企业在我市设立总机构直接管理项目部的，外省（市）建筑企业在我市设立分支机构不符合二级分支机构条件或虽符合二级分支机构条件但不能够提供《企业所得税汇总纳税分支机构分配表》的，在项目所在地主管税务机关或者天津市施工队伍管理站缴纳企业所得税。

二、我市建筑企业总机构直接管理的项目部在外地按项目实际经营收入 0.2% 预分的企业所得税款，应按照《通知》第四条规定在总机构汇总计算企业所得税时进行扣除。

三、存在以下情形的税款，在我市总机构汇总计算企业所得税时不予扣除：

（一）总机构直接管理的项目部在外地预分企业所得税超过项目实际经营收入 0.2% 的部分；

（二）总机构直接管理的项目部在外地取得完税凭证上没有注明税款是企业所得税性质的；

（三）实行核定征收企业所得税的建筑企业，其总机构直接管理的项目部在外地预分的企业所得税。

四、我市建筑企业总机构应按照有关规定办理企业所得税年度汇算清缴，由总机构直接管理的各项目部不进行汇算清缴。总机构年终汇算清缴后应纳所得税额小于已预缴的税款时，由总机构主管税务机关办理退税或抵扣以后年度的应缴企业所得税。

建筑企业总机构在办理企业所得税预缴和汇算清缴时，应附送其所直接管理的跨地区经营项目部就地预缴税款的完税证明。

五、我市建筑企业在天津市行政区域内跨区设立的项目部，统一汇总到总机构一并计算缴纳企业所得税。

六、本公告适用于 2017 年及以后纳税年度。《天津市国家税务局 天津市地方税务局关于天津市建筑企业在外省（市）设立项目部缴纳企业所得税退（抵）税问题的公告》（天津市国家税务局 天津市地方税务局公告 2015 年第 13 号）同时废止。

特此公告。

天津市国家税务局

天津市地方税务局

2017 年 6 月 6 日

7.2.2 《天津市财政局 国家税务总局天津市税务局关于停征防洪工程维护费的通知》（津财综〔2019〕3 号）

天津市财政局 国家税务总局天津市税务局关于停征防洪工程维护费的通知

津财综〔2019〕3 号

税务系统各单位：

为进一步促进民营经济发展，优化我市营商环境，根据《财政部关于取消调整部分政府性基金有关政策的通知》（财税〔2017〕18 号）和《中共天津市委天津市人民政府关于进一步促进民营经济发展的若干意见》，现将停征我市防洪工程维护费（地方水利建设基金）有关事项通知如下：

一、自 2019 年 1 月 1 日起（即所属期为 2019 年 1 月 1 日及以后），停征防洪工程维护费（地方水利建设基金）。

二、财政部门妥善安排相关部门预算，保障其依法履行职责所必需的支出，积极支持相关事业发展。

三、各征收单位对纳税人 2019 年 1 月 1 日以前防洪工程维护费（地方水利建设基金）欠缴应进行清算，并于 2019 年 12 月 31 日前足额上缴国库。

四、各单位、各部门要严格执行上述规定，不得以任何理由拖延或者拒绝执行，对违反规定的，按照相关法律法规予以处理。各征收单位要在收费场所及时发布信息，做好政策宣传，加强政策执行情况监督检查，确保政策落实到位。

五、此前有关规定与通知不一致的，以本通知为准。

天津市财政局

国家税务总局天津市税务局

2019 年 1 月 7 日

7.2.3 《浙江省财政厅浙江省地方税务局关于暂停向企事业单位和个体经营者征收地方水利建设基金的通知》（浙财综〔2016〕43 号）

浙江省财政厅浙江省地方税务局关于暂停向企事业单位和个体经营者征收地方水利建设基金的通知

浙财综〔2016〕43 号

各市、县（市、区）财政局、地方税务局：

为深入贯彻落实中央和省委、省政府关于加强供给侧结构性改革的决策部署，进一步降低企业成本，优化发展环境，推动积极财政政策加力增效，经省政府同意，决定暂停征收（企事业单位和个体经营者）地方水利建设基金，现将有关事项通知如下：

一、自 2016 年 11 月 1 日（费款所属期）起，暂停向企事业单位和个体经营者征收地方水利建设基金。

二、暂停征收之前未申报、欠缴、缓缴等应缴未缴的地方水利建设基金，仍按原政策规定征收。减免政策按照实际征收月份进行落实。

三、暂停征收后，各级财政部门要继续落实好现行水利建设资金筹集政策，进一步加大统筹力度，切实保障水利工程项目的实施。

四、各地要充分认识降低企业成本、优化发展环境的紧迫性和重要性，全面贯彻落实国家和省有关降成本的决策部署，严格执行本通知规定，不得以任何理由拖延或者拒绝执行。

浙江省财政厅

浙江省地方税务局

2016 年 11 月 30 日

7.2.4 《天津市财政局、国家税务总局天津市税务局关于转发〈财政部 税务总局关于实施小微企业普惠性税收减免政策的通知〉的通知》（津财税政〔2019〕6 号）

天津市财政局 国家税务总局天津市税务局关于转发《财政部 税务总局关于实施小微企业普惠性税收减免政策的通知》的通知

津财税政〔2019〕6 号

各区财政局、各区税务局：

现将《财政部 税务总局关于实施小微企业普惠性税收减免政策的通知》（财税〔2019〕13 号）转发给你们，并补充通知如下，请遵照执行：

一、经报请市人民政府同意，对我市增值税小规模纳税人减按 50% 征收资源税（不含水资源税）、城市维护建设税、房产税、城镇土地使用税、印花税（不含证券交易印花税）、耕地占用税和教育费附加、地方教育附加。

二、本通知执行期限为 2019 年 1 月 1 日至 2021 年 12 月 31 日。

三、各区财政、税务部门要切实提高政治站位，坚决贯彻落实党中央、国务院减税降费的决策部署，深刻领会小微企业普惠性税收减免的重要意义，加强领导，认真部署，敢于担当，主动作为，确保政策不折不扣落实到位。对政策执行中反映的突出问题和意见建议，要及时向市财政局和市税务局反馈。

附件：财政部 税务总局关于实施小微企业普惠性税收减免政策的通知

天津市财政局

国家税务总局天津市税务局

2019年2月18日

7.2.5 《陕西省财政厅 国家税务总局陕西省税务局关于贯彻实施小微企业普惠性税收减免政策的通知》（陕财税〔2019〕5号）

陕西省财政厅 国家税务总局陕西省税务局关于贯彻实施小微企业普惠性税收减免政策的通知

陕财税〔2019〕5号

各设区市、杨凌示范区、西咸新区、韩城市财政局、税务局，省税务局各派出机构，各省管县财政局：

为贯彻落实党中央、国务院决策部署，进一步支持小微企业发展，根据《财政部 国家税务总局关于实施小微企业普惠性税收减免政策的通知》（财税〔2019〕13号）规定，经省政府同意，现就我省贯彻实施小微企业普惠性税收减免政策有关事项通知如下：

一、对月销售额10万元以下（含本数）的增值税小规模纳税人，免征增值税。

二、放宽小型微利企业标准并加大优惠力度。小型微利企业年度应纳税所得额、从业人员和资产总额三项指标上限分别提高到300万元、300人、5000万元。对小型微利企业年应纳税所得额不超过100万元的部分，减按25%计入应纳税所得额，按20%的税率缴纳企业所得税；对年应纳税所得额超过100万元但不超过300万元的部分，减按50%计入应纳税所得额，按20%的税率缴纳企业所得税。

三、扩展初创科技型企业范围。对创投企业和天使投资个人投向初创科技型企业符合条件的，可按投资额70%抵扣应纳税所得额。初创科技型企业从业人员、资产总额和年销售收入三项指标上限分别提高到300人、5000万元、5000万元。

四、对增值税小规模纳税人，按照50%的幅度减征资源税（不含水资源税）、城市维护建设税、房产税、城镇土地使用税、印花税、耕地占用税、教育费附加和地方教育附加。

五、增值税小规模纳税人已依法享受资源税、城市维护建设税、房产税、城镇土地使用税、印花税、耕地占用税、教育费附加、地方教育附加其他优惠政策的，可叠加享受本通知第四条规定的优惠政策。

六、本通知执行期限为2019年1月1日至2021年12月31日。

各级财税部门要切实提高政治站位，深入贯彻落实党中央、国务院和省委、省政府关于减税降费的决策部署，充分认识小微企业普惠性税收减免的重要意义，切实负起抓落实的主体责任，将其作为一项重大任务，加强组织领导，精心组织安排，抓紧抓实抓好，不折不扣落实到位；要加大宣传辅导力度，优化纳税服务，提高办税便利化水平，增强小微企业获得感；要加强督查督办力度，密切跟踪政策执行情况，分析政策执行效果，妥善解决政策落地过程中出现的困难和问题，及时向省财政厅和省税务局反馈落实情况和各方面意见建议。

陕西省财政厅

国家税务总局陕西省税务局

2019年2月11日

7.2.6 印花税计税依据

《财政部 国家税务总局关于营改增后契税 房产税 土地增值税 个人所得税计税依据问题的通知》（财税〔2016〕43号）对“营改增后相关税费的计税基数是否包含增值税”进行了明确，但没有提及印花税计税基数是否包含增值税。这是因为营改增之前这一问题就已明确，没有变化。各地执行口径仍按照《中华人民共和国印花税暂行条例》规定，依据合同所载金额确定计税依据。合同中所载金额和增值税分开注明的，按不含增值税的合同金额确定计税依据，未分开注明的，以合同所载金额为计税依据。虽然没有出台具体的文件，但这是税务总局针对这一问题的解释口径，各地也基本按这个执行。举几个省的例子：

1. 天津市政策

关于订货合同所载金额如何缴纳印花税问题的通知

税三〔1994〕15号

各区、县税务分局，开发区、保税区税务分局，税务稽查分局：

1994年1月1日实行新税制以来，有的分局询问一些单位在签订合同时采取价税分开的如何缴纳印花税，现对有关问题明确如下：

一、凡是签订的订货合同，分别填写价款、税款的，仅就价款数额计税贴花。

二、在签订订货合同时，如价格内注明是含税价，在计算缴纳印花税时，应按增值税的税率从价款数额中减除后计税。

三、在签订订货合同时，没有注明含税价或增值税税款的，应按合同的所载金额全额计税贴花。

2. 湖北省政策

关于购销合同印花税计税依据的确认问题。《湖北省地方税务局关于明确财产行为税若干具体政策问题的通知》（鄂地税发〔2010〕176号）规定，根据《中华人民共和国印花税暂行条例》，购销合同的计税依据为合同上载明的“购销金额”。而在实际经济活动中，购销合同中的“购销金额”有的包括增值税税金，有的不包括。对这一问题分两种情况处理：

（1）按合同金额计征印花税的情形：

1）如果购销合同中只有不含税金额，以不含税金额作为印花税的计税依据；

2）如果购销合同中既有不含税金额又有增值税金额，且分别记载的，以不含税金额作为印花税的计税依据；

3）如果购销合同所载金额中包含增值税金额，但未分别记载的，以合同所载金额（即含税金额）作为印花税的计税依据。

（2）核定征收印花税的情形：

直接以纳税人账载购销金额作为印花税的计税依据，而不论其是否包含增值税税金。

3. 上海市政策

《上海市税务局关于实施新的〈增值税暂行条例〉后购销合同、加工承揽合同征印花价问题的通知》（沪税地〔1993〕103号）第一条规定，对购销合同的贴花，均以合同记载的销售额（购入额）不包括记载的增值税额的金额计税贴花。

4. 吉林省政策

《吉林省地方税务局关于对财产与行为税有关业务问题的通知》（吉地税财行函〔2001〕23号）第四条规定，根据《吉林省印花税征收管理办法》，对买卖双方签订商品购销合同并核定征收印花税的单位及个人，其“购进金额”和“销售收入”的计税金额，均以购进商品付给对方的全部价款和销售商品收到对方的全部价款为计税依据。

7.2.7 《中华人民共和国印花税暂行条例施行细则》（财税字〔1988〕255号）

中华人民共和国印花税暂行条例施行细则

财税字〔1988〕255号[①]

第一条　本施行细则依据《中华人民共和国印花税暂行条例》（以下简称条例）第十五条的法规制定。

① 注：根据《国家税务总局关于印花税违章处罚有关问题的通知》（国税发〔2004〕15号）规定，本法规第三十九、四十、四十一条为时效性条款。

第二条 条例第一条所说的在中华人民共和国境内书立、领受本条例所列举凭证，是指在中国境内具有法律效力，受中国法律保护的凭证。

上述凭证无论在中国境内或者境外书立，均应依照条例法规贴花。

条例第一条所说的单位和个人，是指国内各类企业、事业、机关、团体、部队以及中外合资企业、合作企业、外资企业、外国公司企业和其他经济组织及其在华机构等单位和个人。

凡是缴纳工商统一税的中外合资企业、合作企业、外资企业、外国公司企业和其他经济组织，其缴纳的印花税，可以从所缴纳的工商统一税中如数抵扣。

第三条 条例第二条所说的建设工程承包合同，是指建设工程和勘察设计合同和建筑安装工程承包合同。

建设工程承包合同包括总包合同、分包合同和转包合同。

第四条 条例第二条所说的合同，是指根据《中华人民共和国经济合同法》、《中华人民共和国涉外经济合同法》和其他有关合同法规订立的合同。

具有合同性质的凭证，是指具有合同效力的协议、契约、合约、单据、确认书及其他各种名称的凭证。

第五条 条例第二条所说的产权转移书据，是指单位和个人产权的买卖、继承、赠与、交换、分割等所立的书据。

第六条 条例第二条所说的营业账簿，是指单位或者个人记载生产经营活动的财务会计核算账簿。

第七条 税目税率表中的记载资金的账簿，是指载有固定资产原值和自有流动资金的总分类账簿，或者专门设置的记载固定资产原值和自有流动资金的账簿。

其他账簿，是指除上述账簿以外的账簿，包括日记账簿和各明细分类账簿。

第八条 记载资金的账簿按固定资产原值和自有流动资金总额贴花后，以后年度资金总额比已贴花资金总额增加的，增加部分应按法规贴花。

第九条 税目税率表中自有流动资金的确定，按有关财务会计制度的法规执行。

第十条 印花税只对税目税率表中列举的凭证和经财政部确定征税的其他凭证征税。

第十一条 条例第四条所说的已缴纳印花税的凭证的副本或者抄本免纳印花税，是指凭证的正式签署本已按法规缴纳了印花税，其副本或者抄本对外不发生权利义务关系，仅备存查的免贴印花。

以副本或者抄本视同正本使用的，应另贴印花。

第十二条 条例第四条所说的社会福利单位，是指抚养孤老伤残的社会福利单位。

第十三条 根据条例第四条第（三）款法规，对下列凭证免纳印花税：（一）国家指定的收购部门与村民委员会、农民个人书立的农副产品收购合同;（二）无息、贴息贷款合同;（三）外国政府或者国际金融组织向我国政府及国家金融机构提供优惠贷款所书立的合同。

第十四条　条例第七条所说的书立或者领受时贴花，是指在合同的签订时、书据的立据时、账簿的启用时和证照的领受时贴花。

如果合同在国外签订的，应在国内使用时贴花。

第十五条　条例第八条所说的当事人，是指对凭证有直接权利义务关系的单位和个人，不包括保人、证人、鉴定人。

税目税率表中的立合同人，是指合同的当事人。

当事人的代理人有代理纳税的义务。

第十六条　产权转移书据由立据人贴花，如未贴或者少贴印花，书据的持有人应负责补贴印花。所立书据以合同方式签订的，应由持有书据的各方分别按全额贴花。

第十七条　同一凭证，因载有两个或者两个以上经济事项而适用不同税目税率，如分别记载金额的，应分别计算应纳税额，相加后按合计税额贴花；如未分别记载金额的，按税率高的计税贴花。

第十八条　按金额比例贴花的应税凭证，未标明金额的，应按照凭证所载数量及国家牌价计算金额；没有国家牌价的，按市场价格计算金额，然后按法规税率计算应纳税额。

第十九条　应纳税凭证所载金额为外国货币的，纳税人应按照凭证书立当日的中华人民共和国国家外汇管理局公布的外汇牌价折合人民币，计算应纳税额。

第二十条　应纳税凭证粘贴印花税票后应即注销。纳税人有印章的，加盖印章注销；纳税人没有印章的，可用钢笔（圆珠笔）画几条横线注销。注销标记应与骑缝处相交。骑缝处是指粘贴的印花税票与凭证及印花税票之间的交接处。

第二十一条　一份凭证应纳税额超过500元的，应向当地税务机关申请填写缴款书或者完税证，将其中一联粘贴在凭证上或者由税务机关在凭证上加注完税标记代替贴花。

第二十二条　同一种类应纳税凭证，需频繁贴花的，应向当地税务机关申请按期汇总缴纳印花税。

税务机关对核准汇总缴纳印花税的单位，应发给汇缴许可证。汇总缴纳的限期限额由当地税务机关确定，但最长期限不得超过1个月。

第二十三条　凡汇总缴纳印花税的凭证，应加注税务机关指定的汇缴戳记，编号并装订成册后，将已贴印花或者缴款书的一联粘附册后，盖章注销，保存备查。

第二十四条　凡多贴印花税票者，不得申请退税或者抵用。

第二十五条　纳税人对纳税凭证应妥善保存。凭证的保存期限，凡国家已有明确法规的，按法规办；其余凭证均应在履行完毕后保存1年。

第二十六条　纳税人对凭证不能确定是否应当纳税的，应及时携带凭证，到当地税务机关鉴别。

纳税人同税务机关对凭证的性质发生争议的，应检附该凭证报请上一级税务机关核定。

第二十七条　条例第十二条所说的发放或者办理应纳税凭证的单位，是指发放权力、许可证照的单位和办理凭证的鉴证、公证及其他有关事项的单位。

第二十八条　条例第十二条所说的负有监督纳税人依法纳税的义务，是指发放或者办理应纳税凭证的单位应对以下纳税事项监督：

（一）应纳税凭证是否已粘贴印花；

（二）粘贴的印花是否足额；

（三）粘贴的印花是否按法规注销。

对未完成以上纳税手续的，应督促纳税人当场贴花。

第二十九条　印花税票的票面金额以人民币为单位，分为1角、2角、5角、1元、2元、5元、10元、50元、100元9种第三十条印花税票为有价证券，各地税务机关应按照国家税务局制定的管理办法严格管理，具体管理办法另定。

第三十条　印花税票为有价证券，各地税务机关应按照国家税务局制定的管理办法严格管理，具体管理办法另定。

第三十一条　印花税票可以委托单位或个人代售，并由税务机关付给代售金额5%的手续费。支付来源从实征印花税款中提取。

第三十二条　凡代售印花税票者，应先向当地税务机关提出代售申请，必要时须提供保证人。税务机关调查核准后，应与代售户签订代售合同，发给代售许可证。

第三十三条　代售户所售印花税票取得的税款，须专户存储，并按照法规的期限，向当地税务机关结报，或者填开专用缴款书直接向银行缴纳。不得逾期不缴或者挪作他用。

第三十四条　代售户领存的印花税票及所售印花税票的税款，如有损失，应负责赔偿。

第三十五条　代售户所领印花税票，除合同另有法规者外，不得转托他人代售或者转至其他地区销售。

第三十六条　对代售户代售印花税票的工作，税务机关应经常进行指导、检查和监督。

代售户须详细提供领售印花税票的情况，不得拒绝。

第三十七条　印花税的检查，由税务机关执行。税务人员进行检查时，应当出示税务检查证。纳税人不得以任何借口加以拒绝。

第三十八条　税务人员查获违反条例法规的凭证，应按有关法规处理。如需将凭证带回的，应出具收据，交被检查人收执。

第三十九条〔条款失效〕纳税人违反本细则第二十二条法规，超过税务机关核定的纳税期限，未缴或者少缴印花税款的，税务机关除令其限期补缴税款外，并从滞纳之日起，按日加收5%的滞纳金。

第四十条〔条款失效〕纳税人违反本细则第二十三条法规的，酌情处以五千元以下罚款；情节严重的，撤销其汇缴许可证。

第四十一条〔条款失效〕纳税人违反本细则第二十五条法规的，酌情处以5000元以下罚款。

第四十二条　代售户违反本细则第三十三条、第三十五条、第三十六条法规的，视其情节轻重，给予警告处分或者取消其代售资格。

第四十三条　纳税人不按法规贴花，逃避纳税的，任何单位和个人都有权检举揭发，经税务机关查实处理后，可按法规奖励检举揭发人，并为其保密。

第四十四条　本细则由国家税务局负责解释。

第四十五条　本细则与条例同时施行。

7.2.8 《国家税务总局关于印花税若干具体问题的规定》（国税地字〔1988〕25号）

国家税务总局关于印花税若干具体问题的规定

国税地字〔1988〕25号①

各省、自治区、直辖市及各计划单列市税务局，加发南京、成都市税务局，海洋石油税务局各分局：

根据《中华人民共和国印花税暂行条例》及其实行细则的法规，结合各地反映的实际情况，现对印花税的若干具体问题法规如下：

1. 对由受托方提供原材料的加工、定作合同，如何贴花？

由受托方提供原材料的加工、定作合同，凡在合同中分别记载加工费金额与原材料金额的，应分别按“加工承揽合同”“购销合同”计税，两项税额相加数，即为合同应贴印

① 提示：

1. 依据国税函〔2007〕629号 国家税务总局关于取消部分地方税行政审批项目的通知，本法规第二十条自2007年6月11日起失效。

2. 依据国家税务总局令第42号 国家税务总局关于公布失效废止的税务部门规章和税收规范性文件目录的决定，本法规第十三条废止。

3. 依据国家税务总局公告2011年第2号 国家税务总局关于公布全文失效废止部分条款失效废止的税收规范性文件目录的公告，本法规第二十条被国税函〔2007〕629号废止。

花；合同中不划分加工费金额与原材料金额的应按全部金额，依照“加工承揽合同”计税贴花。

2. 对商店、门市部的零星加工修理业务开具的修理单，是否贴花？

对商店、门市部的零星加工修理业务开具的修理单，不贴印花。

3. 房地产管理部门与个人订立的租房合同，应否贴花？

对房地产管理部门与个人订立的租房合同，凡用于生活居住的，暂免贴花；用于生产经营的，应按法规贴花。

4. 有些技术合同、租赁合同等，在签订时不能计算金额的，如何贴花？

有些合同在签订时无法确定计税金额，如技术转让合同中的转让收入，是按销售收入的一定比例收取或是按实现利润分成的；财产租赁合同，只是法规了月（天）租金标准而却无租赁期限的。对这类合同，可在签订时先按定额5元贴花，以后结算时在按实际金额计税，补贴印花。

5. 对货物运输单、仓储保管单、财产保险单、银行借据等单据，是否贴花？

对货物运输、仓储保管、财产保险、银行借款等，办理一项业务既书立合同，又开立单据的，只就合同贴花；凡不书立合同，只开立单据，以单据作为合同使用的，应按照法规贴花。

6. 运输部门承运快件行李、包裹开具的托运单据，是否贴花？

对铁路、公路、航运、水陆承运快件行李、包裹开具的托运单据，暂免贴花印花。

7. 不兑现或不按期兑现的合同，是否贴花？

依照《中华人民共和国印花税暂行条例》，合同签订时即应贴花，履行完税手续。因此，不论合同是否兑现或能否按期兑现，都一律按照法规贴花。

8. 1988年10月1日开征印花税以前签订的合同，10月1日以后修改合同增加金额的，是否补贴印花？

凡修改合同增加金额的，应就增加部分补贴印花。对印花税开征前签订的合同，开征后修改合同增加金额的，亦应按增加金额补贴印花。

9. 某些合同履行后，实际结算金额与合同所载金额不一致的，是否补贴印花？

依照《中华人民共和国印花税暂行条例》，纳税人应在合同签订时按合同所载金额计税贴花。因此，对已履行并贴花的合同，发现实际结算金额与合同所载金额不一致的，一般不再补贴印花。

10. 企业租赁承包经营合同，是否贴花？企业与主管部门等签订的租赁承包经营合同，不属于财产租赁合同，不应贴花。

11. 企业、个人出租门店、柜台等签订的合同，是否贴花？

企业、个人出租门店、柜台等签订的合同，属于财产租赁合同，应按照法规贴花。

12. 什么是副本视同正本使用？

纳税人的已缴纳印花税凭证的正本遗失或毁损，而以副本代替的，即为副本视正本使用，应另贴印花。

13. 如何确定纳税人的自有流动资金？

纳税人的自有流动资金，应据其所适用的财务会计制度确定。适用国营企业财务会计制度的纳税人，其自有流动资金包括国家拨入的、企业税后利润补充的、其他单位投入以及集资入股形成的流动资金。

适用其他财务会计制度的纳税人，其自有流动资金由各省、自治区、直辖市税务局按照上述原则具体确定。

14. 设置在其他部门、车间的明细分类账，如何贴花？

对采用一级核算形式的，只就财会部门设置的账簿贴花；采用分级核算形式的，除财会部门的账簿应贴花外，财会部门设置在其他部门和车间的明细分类账，亦应按法规贴花。车间、门市部、仓库设置的不属于会计核算范围或虽属会计核算范围，但不记载金额的登记簿、统计簿、台账等，不贴印花。

15. 对会计核算采用以表代账的，应如何贴花？

对日常用单页表式记载资金活动情况，以表代账的，在未形成账簿（册）前，暂不贴花，待装订成册时，按册贴花。

16. 对记载资金的账簿、启用新账未增加资金的，是否按定额贴花？

凡是记载资金的账簿，启用新账时，资金未增加的，不再按件定额贴花。

17.〔条款废止〕对有些经营收入的事业单位使用的账簿，应如何贴花？

对有经营收入的事业单位，凡属由国家财政部门拨付事业经费，实行差额预算管理的单位，其记载经营业务的账簿，按其他账簿定额贴花，不记载经营业务的账簿不贴花；凡属经费来源实行自收自支的单位，其营业账簿，应对记载资金的账簿和其他账簿分别按法规贴花。

18. 跨地区经营的分支机构，其营业账簿应如何贴花？

跨地区经营的分支机构使用的营业账簿，应由各分支机构在其所在地缴纳印花税。对上级单位核拨资金的分支机构，其记载资金的账簿按核拨的账面资金数额计税额贴花，其他账簿按定额贴花；对上级单位不核拨资金的分支机构，只就其他账簿按定额贴花。为避免对同一资金重复计税贴花，上级单位记载资金的账簿，应按扣除拨给下属机构资金数额后的其余部分计税贴花。

19. 对企业兼并的并入资金是否补贴印花？

经企业主管部门批准的国营、集体企业兼并，对并入单位的资产，凡已按资金总额贴花的，接受单位对并入的资金不再补贴印花。

20.〔本条款失效〕对微利、亏损企业、可否减免税？

对微利、亏损企业不能减免印花税。但是，对微利、亏损企业记载资金的账簿，第一次贴花数额较大，难以承担的，经当地税务机关批准，可允许在三年内分次贴足印花。〔国税函〔2007〕629号取消此条规定〕

21. 对营业账簿，应在什么位置上贴花？

在营业账簿上贴印花税票，须在账簿首页右上角粘贴，不准粘贴在账夹上。

7.2.9 《国家税务局关于货运凭证征收印花税几个具体问题的通知》（国税发〔1990〕173号）

国家税务总局关于货运凭证征收印花税几个具体问题的通知

国税发〔1990〕173号

根据各地反映和要求，关于对货运凭证征收印花税的若干政策和征管问题，经研究并征求有关部门的意见，现具体法规如下：

一、关于应税凭证的确定

在货运业务中，凡是明确承、托运双方业务关系的运输单据均属于合同性质的凭证。鉴于目前各类货运业务使用的单据，不够规范统一，不便计税贴花，为了便于征管，现法规以运费结算凭证作为各类货运的应税凭证。

二、关于纳税人的确定

在货运业务中，凡直接办理承、托运运费结算凭证的双方，均为货运凭证印花税的纳税人。

代办承、托运业务的单位负有代理纳税的义务；代办方与委托方之间办理的运费清算单据，不缴纳印花税。

三、关于国内联运凭证的计税和缴纳

对国内各种形式的货物联运，凡在起运地统一结算全程运费的，应以全程运费作为计税依据，由起运地运费结算双方缴纳印花税；凡分程结算运费的，应以分程的运费作为计税依据，分别由办理运费结算的各方缴纳印花税。

四、关于国际货运凭证的征免税划分

1. 由我国运输企业运输的，不论在我国境内、境外起运或中转分程运输，我国运输企业所持的一份运费结算凭证，均按本程运费计算应纳税额；托运方所持的一份运费结算凭证，按全程运费计算应纳税额。

2. 由外国运输企业运输进出口货物的，外国运输企业所持的一份运费结算凭证免纳印花税；托运方所持的一份运费结算凭证应缴纳印花税。

3. 国际货运运费结算凭证在国外办理的，应在凭证转回我国境内时按法规缴纳印花税。

五、关于特殊货运凭证的免税

1. 军事物资运输。凡附有军事运输命令或使用专用的军事物资运费结算凭证，免纳印花税。

2. 抢险救灾物资运输。凡附有县级以上（含县级）人民政府抢险救灾物资运输证明文件的运费结算凭证，免纳印花税。

3. 新建铁路的工程临管线运输。为新建铁路运输施工所需物料，使用工程临管线专用运费结算凭证，免纳印花税。

六、关于代扣汇总缴纳

1. 运费结算付方应缴纳的印花税，应由运费结算收方或其代理方实行代扣汇总缴纳。

2. 运费结算凭证由交通运输管理机关或其指定的单位填开或审核的，当地税务机关应委托凭证填开或审核单位，对运费结算双方应缴纳的印花税，实行代扣汇总缴纳。

3. 在运费结算凭证费别栏目中应增列一项“印花税”，将应缴纳的印花税款填入“印花税”项目中。

为了方便代扣汇总缴纳，每份运费结算凭证应纳税额不足0.10元的免税，超过0.10元的按实计缴，计算到分。

4. 代扣印花税时，当地税务机关或代扣单位应在运费结算凭证上，加盖“印花税代扣专用章”（式样略）。专用章由县级以上（含县级）税务机关统一刻制。

七、各省、自治区、直辖市税务局，各计划单列市税务局可依据本文法规并参照（89）国税地字第094号《关于铁路货运凭证汇总缴纳印花税问题的联合通知》，制定具体征收管理办法。

本法规自1990年11月1日起执行。

7.2.10 《国家税务局关于图书、报刊等征订凭证征免印花税问题的通知》（国税地字〔1989〕142号）

国家税务局关于图书、报刊等征订凭证征免印花税问题的通知

国税地字〔1989〕142号

根据《中华人民共和国印花税暂行条例》及有关规定，图书、报纸、期刊以及音像制品的出版发行业务订立的征订发行合同及其订购单据（实际发生数）属于应纳印花税的经

济凭证。最近，一些地区询问，因出版发行业务比较特殊，使用的凭证也较复杂，如何征税不够明确，为此特通知如下：

一、各类出版单位与发行单位之间订立的图书、报纸、期刊以及音像制品的征订凭证（包括订购单、订数单等），应由持证双方按规定纳税。

二、各类发行单位之间，以及发行单位与订阅单位或个人之间书立的征订凭证，暂免征印花税。

三、征订凭证适用印花税“购销合同”税目，计税金额按订购数量及发行单位的进货价格计算。

四、征订凭证发生次数频繁，为简化纳税手续，可由出版发行单位采取按期汇总方式，计算缴纳印花税。实行汇总缴纳以后，购销双方个别订立的协议均不再重复计税贴。

1989年12月31日

7.2.11 《天津市地方税务局关于加强外地进津建筑安装企业个人所得税征收管理的公告》（天津市地方税务局公告2012年第4号）

天津市地方税务局关于加强外地进津建筑安装企业个人所得税征收管理的公告

天津市地方税务局公告2012年第4号

为加强外地进津建筑安装企业个人所得税征收管理，根据《国家税务总局关于印发〈建筑安装业个人所得税征收管理暂行办法〉的通知》（国税发〔1996〕127号）及相关法律法规规定，结合我市情况，现将有关问题公告如下：

一、外地进津建筑安装企业从业人员的个人所得税应当在我市缴纳。

二、外地进津建筑安装企业在我市设立分支机构，按规定办理税务登记，设置账簿，财务制度健全，能够准确完整地进行会计核算，并按月报送从业人员收入情况，同时提供《中华人民共和国企业所得税汇总纳税分支机构所得税分配表》的，应当按月向主管地税局按照全员全额明细扣缴申报个人所得税。

三、对不符合本公告第二条规定条件的外地进津建筑安装企业，对其从业人员采用按项目实际经营收入的0.15%计算个人所得税，由所在单位负责代扣代缴。

四、对外地进津建筑安装企业采用核定征收方式扣缴从业人员的个人所得税，由天津市施工队伍管理站负责代征。

五、本公告自2012年4月1日起施行。

特此公告。

2012年3月21日

7.2.12 《内蒙古自治区地方税务局关于印发核定征收个人所得税暂行办法的通知》（内地税字〔2007〕219号）

内蒙古自治区地方税务局关于印发核定征收个人所得税暂行办法的通知

内地税字〔2007〕219号

各盟市、计划单列市地方税务局，区局各派出机构，东风场区地方税务局：

现将《内蒙古自治区地方税务局核定征收个人所得税暂行办法》印发给你们，各地要严格按照暂行办法的规定，认真做好本地区个人所得税的核定征收工作，以切实加强对高收入者个人所得税征管。对暂行办法执行中发现的问题，请及时上报区局税政一处。

2007年7月25日

内蒙古自治区地方税务局核定征收个人所得税暂行办法

为进一步加强个人所得税的征收管理工作，依据《中华人民共和国税收征收管理法》、《中华人民共和国个人所得税法》及《国家税务总局关于印发〈个人所得税管理办法〉的通知》（国税发〔2005〕120号）的规定，特制定本办法：

一、核定征收个人所得税的范围

核定征收个人所得税的范围是指自治区境内收入较高又难以查实征收的下列人员：

（一）核定征收企业所得税企业的法人代表或经营者，在以上企业任职的股东；

（二）企事业单位承包、承租人员；

（三）以挂靠、承包、分包和转包等形式从事建筑安装工程作业的个人；

（四）其他收入较高、难以查账征收的人员。

二、应税项目的确定

（一）核定征收企业所得税企业的法人代表或经营者、在以上企业任职的股东及其他收入较高、难以查账征收人员，其取得的工资薪金性质的所得，按“工资薪金所得”项目征税；

（二）承包、承租经营的，按照《国家税务总局关于个人对企事业单位承包经营、承租经营取得所得征税问题的通知》（国税发〔1994〕179号）的规定确定应税项目；

（三）以挂靠、承包、分包和转包等形式从事建筑安装工程作业的个人，按照“个体工商户生产经营所得”项目征税。

三、征收方式及方法核定征收个人所得税采取核定征收率或核定收入额两种方式。

（一）核定征收企业所得税企业的法人代表或经营者、在以上企业任职的股东及其他收入较高、难以查实征收的人员：其企业的收入总额真实、准确，采取核定征收率的方法征税；其收入总额核算不准确的，实行核定征收额的方法征税。核定时，由各基层征管局根据具体实际情况确定；

（二）承包、承租经营的，根据具体情况采取核定征收率和征收额的方法征税。

（三）以挂靠、承包、分包和转包等形式从事建筑安装工程作业的个人采取核定征收率的方法征税。

（四）个人所得税征收率最低标准详见附表1，各盟市可根据实际情况进行上调。

四、计税依据

（一）实行核定征收率方式

1. 核定征收率方式是以企业的月收入总额作为计税依据，乘以相应的征收率为被核定人员当月应缴纳的税额。承包、承租经营的，以其承包、承租的企业收入为计税依据。以挂靠、承包、分包和转包等形式从事建筑安装工程作业的，根据其工程进度，以结算的工程价款作为计税依据。

2. 以企业上年的收入总额作为确定适用个人所得税征收率档次的依据，无上年收入额的，当年征收率按行业最低标准确定。以挂靠、承包、分包和转包等形式从事建筑安装工程作业的，其征收率按附表1中的规定确定。征收率一经确定，一年内不作调整。

3. 实行核定征收率方式征收个人所得税的，其经营项目涉及多个行业的，各行业分别核算的，可分别按照所适用的征收率征税，划分不清的，以收入额最高的行业确定所适用的征收率征税。

（二）实行核定收入额方式

1. 实行核定收入额方式征收个人所得税是对应税人员核定月收入额，然后再按规定计算出月应缴纳的税额。

2. 收入额的核定是以各盟市统计局发布的该地区上年度的前一年度的社会月平均工资额作为核定的基数，用“个人所得税收入额核定表（最低标准）”（详见附表2）中的社会平均工资栏中相应的倍数乘以社会平均工资额，核定出月收入额，作为当月的计税依据。

3. 我区制定个人所得税收入额最低标准核定表，各盟市可根据实际情况进行上调。（详见附表2）

4. 实行核定收入额征收方式征收个人所得税的，其经营项目涉及多个行业的，各行业的收入额相加后，以收入额最高的行业确定所适用的社会平均工资额的最低倍数。

5. 实行核定收入额征收个人所得税的计算公式为：纳税人当月的应纳税所得额＝纳税人取得收入所在盟市月社会平均工资额 × 年初所核定的相应倍数纳税人当月应纳个人所得税＝当月应纳税所得额 × 适用税率－速算扣除数。

（三）“个人所得税征收率核定表（最低标准）”和“个人所得税收入额核定表（最低标准）”中所设定的征收率和社会平均工资的倍数为最低核定标准，适用范围见附件1、2，各盟市在核定时依据不同的企业单位和个人的情况在“最低标准”的基础上，可根据实际情况适当提高征收率和社会平均工资的倍数。在同一单位内部有二个以上需要核定征收的个人时，主管税务机关可根据已掌握的与个人收入有关的情况，分别对其确定不同的征收率或社会平均工资的倍数。在实际核定时要注意测算按核定征收率所核定的税额与核定收入额所核定的税额相比较，保证税负公平，使核定征收工作积极稳妥地进行。

五、申报与缴纳

实行核定征收个人所得税的纳税人应缴纳的个人所得税，由支付所得的单位和个人代扣代缴，没有扣缴义务人的，由其自行纳税申报。以挂靠、承包、分包和转包等形式从事建筑安装工程作业和其他项目的个人，分别由被挂靠企业和总承包人代扣代缴。

六、实行核定征收个人所得税的纳税人，当月的账面收入应纳的税款低于核定税额的，以核定税额确定为该纳税人当月该项收入应纳的税款；纳税人当月的账面收入应纳的税款高于核定税额的，以账面收入应纳的税款确定为该纳税人当月该项收入应纳的税款。

七、实行核定征收的纳税人取得的其他应税所得按税法相应规定纳税。

八、各地要根据本地区的实际情况，制定实施方案，严格按照通知规定做好核定征收工作，认真填写“个人所得税核定征收方式鉴定表”（附表3），同时要严格履行核定审批程序，核定要经基层局局务会审批。核定工作要实行一年一定，原则上要在每年的一月份前结束。

九、实行核定征收方式征收个人所得税的，只适用于本办法所列举的“工资薪金所得”、以挂靠、承包、分包和转包等形式从事建筑安装工程作业的个人“个体工商户生产经营所得”和对企事业单位“承包、承租经营所得”，对个人独资、合伙经营企业不适用本办法。

十、本通知从2007年7月1日起执行。

附件1

个人所得税征收率核定表（最低标准）

行业	核定标准			
	收入额（万元）	征收率（%）	收入额（万元）	征收率（%）
工业	200以下（含）	0.5	200以上	0.3
商业	200以下（含）	0.5	200以上	0.3
房地产开发	200以下（含）	0.75	200以上	0.5
建筑安装业	200以下（含）	0.75	200以上	0.5

续表

行业	核定标准			
	收入额（万元）	征收率（%）	收入额（万元）	征收率（%）
软件开发业	200以下（含）	0.6	200以上	0.4
娱乐业	200以下（含）	0.6	200以上	0.4
饮食服务业	200以下（含）	0.5	200以上	0.3
其他	200以下（含）	0.5	200以上	0.3

附件2

个人所得税收入额核定表（最低标准）

行业	核定标准			
	收入额（万元）	社平工资倍数	收入额（万元）	社平工资倍数
工业	200以下（含）	3	200以上	4
商业	200以下（含）	3	200以上	4
房地产开发	200以下（含）	5	200以上	6
建筑安装业	200以下（含）	4	200以上	5
软件开发业	200以下（含）	5	200以上	6
娱乐业	200以下（含）	5	200以上	6
饮食服务业	200以下（含）	4	200以上	5
饮食服务业、娱乐业包厨	20以下（含）	3	20以上	4
其他	200以下（含）	3	200以上	4

附件3

个人所得税核定征收方式鉴定表　　单位：元

代扣代缴单位名称				税务登记证号		
经济性质		行业		上年收入总额		
核定征收情况						
姓名	职务	核定征收率	核定收入额		被核定人（签字）盖章	备注
		核定征收率（%）	核定社平工资倍数	核定月税额		
代扣代缴单位盖章		税务所（科）核定人：	税务所（科）长：		主管税务机关盖章	

7.2.13 《中华人民共和国工会法》

1992年4月3日，第七届全国人民代表大会第五次会议通过1992年4月3日中华人民共和国主席令第五十七号公布。

根据2001年10月27日，第九届全国人民代表大会常务委员会第二十四次会议《关于修改〈中华人民共和国工会法〉的决定》第一次修正。

根据2009年8月27日，第十一届全国人民代表大会常务委员会第十次会议《关于修改部分法律的决定》第二次修正。

第一章　总　　则

第一条　为保障工会在国家政治、经济和社会生活中的地位，确定工会的权利与义务，发挥工会在社会主义现代化建设事业中的作用，根据宪法，制定本法。

第二条　工会是职工自愿结合的工人阶级的群众组织。

中华全国总工会及其各工会组织代表职工的利益，依法维护职工的合法权益。

第三条　在中国境内的企业、事业单位、机关中以工资收入为主要生活来源的体力劳动者和脑力劳动者，不分民族、种族、性别、职业、宗教信仰、教育程度，都有依法参加和组织工会的权利。任何组织和个人不得阻挠和限制。

第四条　工会必须遵守和维护宪法，以宪法为根本的活动准则，以经济建设为中心，坚持社会主义道路、坚持人民民主专政、坚持中国共产党的领导、坚持马克思列宁主义毛泽东思想邓小平理论，坚持改革开放，依照工会章程独立自主地开展工作。

工会会员全国代表大会制定或者修改《中国工会章程》，章程不得与宪法和法律相抵触。

国家保护工会的合法权益不受侵犯。

第五条　工会组织和教育职工依照宪法和法律的规定行使民主权利，发挥国家主人翁的作用，通过各种途径和形式，参与管理国家事务、管理经济和文化事业、管理社会事务；协助人民政府开展工作，维护工人阶级领导的、以工农联盟为基础的人民民主专政的社会主义国家政权。

第六条　维护职工合法权益是工会的基本职责。工会在维护全国人民总体利益的同时，代表和维护职工的合法权益。

工会通过平等协商和集体合同制度，协调劳动关系，维护企业职工劳动权益。

工会依照法律规定通过职工代表大会或者其他形式，组织职工参与本单位的民主决策、民主管理和民主监督。

工会必须密切联系职工，听取和反映职工的意见和要求，关心职工的生活，帮助职工解决困难，全心全意为职工服务。

第七条　工会动员和组织职工积极参加经济建设，努力完成生产任务和工作任务。教育职工不断提高思想道德、技术业务和科学文化素质，建设有理想、有道德、有文化、有纪律的职工队伍。

第八条 中华全国总工会根据独立、平等、互相尊重、互不干涉内部事务的原则，加强同各国工会组织的友好合作关系。

第二章 工会组织

第九条 工会各级组织按照民主集中制原则建立。

各级工会委员会由会员大会或者会员代表大会民主选举产生。企业主要负责人的近亲属不得作为本企业基层工会委员会成员的人选。

各级工会委员会向同级会员大会或者会员代表大会负责并报告工作，接受其监督。

工会会员大会或者会员代表大会有权撤换或者罢免其所选举的代表或者工会委员会组成人员。

上级工会组织领导下级工会组织。

第十条 企业、事业单位、机关有会员二十五人以上的，应当建立基层工会委员会；不足二十五人的，可以单独建立基层工会委员会，也可以由两个以上单位的会员联合建立基层工会委员会，也可以选举组织员一人，组织会员开展活动。女职工人数较多的，可以建立工会女职工委员会，在同级工会领导下开展工作；女职工人数较少的，可以在工会委员会中设女职工委员。

企业职工较多的乡镇、城市街道，可以建立基层工会的联合会。

县级以上地方建立地方各级总工会。

同一行业或者性质相近的几个行业，可以根据需要建立全国的或者地方的产业工会。

全国建立统一的中华全国总工会。

第十一条 基层工会、地方各级总工会、全国或者地方产业工会组织的建立，必须报上一级工会批准。

上级工会可以派员帮助和指导企业职工组建工会，任何单位和个人不得阻挠。

第十二条 任何组织和个人不得随意撤销、合并工会组织。

基层工会所在的企业终止或者所在的事业单位、机关被撤销，该工会组织相应撤销，并报告上一级工会。

依前款规定被撤销的工会，其会员的会籍可以继续保留，具体管理办法由中华全国总工会制定。

第十三条 职工二百人以上的企业、事业单位的工会，可以设专职工会主席。工会专职工作人员的人数由工会与企业、事业单位协商确定。

第十四条 中华全国总工会、地方总工会、产业工会具有社会团体法人资格。

基层工会组织具备民法通则规定的法人条件的，依法取得社会团体法人资格。

第十五条　基层工会委员会每届任期三年或者五年。各级地方总工会委员会和产业工会委员会每届任期五年。

第十六条　基层工会委员会定期召开会员大会或者会员代表大会，讨论决定工会工作的重大问题。经基层工会委员会或者三分之一以上的工会会员提议，可以临时召开会员大会或者会员代表大会。

第十七条　工会主席、副主席任期未满时，不得随意调动其工作。因工作需要调动时，应当征得本级工会委员会和上一级工会的同意。

罢免工会主席、副主席必须召开会员大会或者会员代表大会讨论，非经会员大会全体会员或者会员代表大会全体代表过半数通过，不得罢免。

第十八条　基层工会专职主席、副主席或者委员自任职之日起，其劳动合同期限自动延长，延长期限相当于其任职期间；非专职主席、副主席或者委员自任职之日起，其尚未履行的劳动合同期限短于任期的，劳动合同期限自动延长至任期期满。但是，任职期间个人严重过失或者达到法定退休年龄的除外。

第三章　工会的权利和义务

第十九条　企业、事业单位违反职工代表大会制度和其他民主管理制度，工会有权要求纠正，保障职工依法行使民主管理的权利。

法律、法规规定应当提交职工大会或者职工代表大会审议、通过、决定的事项，企业、事业单位应当依法办理。

第二十条　工会帮助、指导职工与企业以及实行企业化管理的事业单位签订劳动合同。

工会代表职工与企业以及实行企业化管理的事业单位进行平等协商，签订集体合同。集体合同草案应当提交职工代表大会或者全体职工讨论通过。

工会签订集体合同，上级工会应当给予支持和帮助。

企业违反集体合同，侵犯职工劳动权益的，工会可以依法要求企业承担责任；因履行集体合同发生争议，经协商解决不成的，工会可以向劳动争议仲裁机构提请仲裁，仲裁机构不予受理或者对仲裁裁决不服的，可以向人民法院提起诉讼。

第二十一条　企业、事业单位处分职工，工会认为不适当的，有权提出意见。

企业单方面解除职工劳动合同时，应当事先将理由通知工会，工会认为企业违反法律、法规和有关合同，要求重新研究处理时，企业应当研究工会的意见，并将处理结果书面通知工会。

职工认为企业侵犯其劳动权益而申请劳动争议仲裁或者向人民法院提起诉讼的，工会应当给予支持和帮助。

第二十二条　企业、事业单位违反劳动法律、法规规定，有下列侵犯职工劳动权益情形的，工会应当代表职工与企业、事业单位交涉，要求企业、事业单位采取措施予以改正；企业、事业单位应当予以研究处理，并向工会作出答复；企业、事业单位拒不改正的，工会可以请求当地人民政府依法作出处理：

（一）克扣职工工资的；

（二）不提供劳动安全卫生条件的；

（三）随意延长劳动时间的；

（四）侵犯女职工和未成年工特殊权益的；

（五）其他严重侵犯职工劳动权益的。

第二十三条　工会依照国家规定对新建、扩建企业和技术改造工程中的劳动条件和安全卫生设施与主体工程同时设计、同时施工、同时投产使用进行监督。对工会提出的意见，企业或者主管部门应当认真处理，并将处理结果书面通知工会。

第二十四条　工会发现企业违章指挥、强令工人冒险作业，或者生产过程中发现明显重大事故隐患和职业危害，有权提出解决的建议，企业应当及时研究答复；发现危及职工生命安全的情况时，工会有权向企业建议组织职工撤离危险现场，企业必须及时作出处理决定。

第二十五条　工会有权对企业、事业单位侵犯职工合法权益的问题进行调查，有关单位应当予以协助。

第二十六条　职工因工伤亡事故和其他严重危害职工健康问题的调查处理，必须有工会参加。工会应当向有关部门提出处理意见，并有权要求追究直接负责的主管人员和有关责任人员的责任。对工会提出的意见，应当及时研究，给予答复。

第二十七条　企业、事业单位发生停工、怠工事件，工会应当代表职工同企业、事业单位或者有关方面协商，反映职工的意见和要求并提出解决意见。对于职工的合理要求，企业、事业单位应当予以解决。工会协助企业、事业单位做好工作，尽快恢复生产、工作秩序。

第二十八条　工会参加企业的劳动争议调解工作。

地方劳动争议仲裁组织应当有同级工会代表参加。

第二十九条　县级以上各级总工会可以为所属工会和职工提供法律服务。

第三十条　工会协助企业、事业单位、机关办好职工集体福利事业，做好工资、劳动安全卫生和社会保险工作。

第三十一条　工会会同企业、事业单位教育职工以国家主人翁态度对待劳动，爱护国家和企业的财产，组织职工开展群众性的合理化建议、技术革新活动，进行业余文化技术学习和职工培训，组织职工开展文娱、体育活动。

第三十二条　根据政府委托，工会与有关部门共同做好劳动模范和先进生产（工作）者的评选、表彰、培养和管理工作。

第三十三条　国家机关在组织起草或者修改直接涉及职工切身利益的法律、法规、规章时，应当听取工会意见。

县级以上各级人民政府制定国民经济和社会发展计划，对涉及职工利益的重大问题，应当听取同级工会的意见。

县级以上各级人民政府及其有关部门研究制定劳动就业、工资、劳动安全卫生、社会保险等涉及职工切身利益的政策、措施时，应当吸收同级工会参加研究，听取工会意见。

第三十四条　县级以上地方各级人民政府可以召开会议或者采取适当方式，向同级工会通报政府的重要的工作部署和与工会工作有关的行政措施，研究解决工会反映的职工群众的意见和要求。

各级人民政府劳动行政部门应当会同同级工会和企业方面代表，建立劳动关系三方协商机制，共同研究解决劳动关系方面的重大问题。

第四章　基层工会组织

第三十五条　国有企业职工代表大会是企业实行民主管理的基本形式，是职工行使民主管理权力的机构，依照法律规定行使职权。

国有企业的工会委员会是职工代表大会的工作机构，负责职工代表大会的日常工作，检查、督促职工代表大会决议的执行。

第三十六条　集体企业的工会委员会，应当支持和组织职工参加民主管理和民主监督，维护职工选举和罢免管理人员、决定经营管理的重大问题的权力。

第三十七条　本法第三十五条、第三十六条规定以外的其他企业、事业单位的工会委员会，依照法律规定组织职工采取与企业、事业单位相适应的形式，参与企业、事业单位民主管理。

第三十八条　企业、事业单位研究经营管理和发展的重大问题应当听取工会的意见；召开讨论有关工资、福利、劳动安全卫生、社会保险等涉及职工切身利益的会议，必须有工会代表参加。

企业、事业单位应当支持工会依法开展工作，工会应当支持企业、事业单位依法行使经营管理权。

第三十九条　公司的董事会、监事会中职工代表的产生，依照公司法有关规定执行。

第四十条　基层工会委员会召开会议或者组织职工活动，应当在生产或者工作时间以外进行，需要占用生产或者工作时间的，应当事先征得企业、事业单位的同意。

基层工会的非专职委员占用生产或者工作时间参加会议或者从事工会工作，每月不超过三个工作日，其工资照发，其他待遇不受影响。

第四十一条　企业、事业单位、机关工会委员会的专职工作人员的工资、奖励、补贴，由所在单位支付。社会保险和其他福利待遇等，享受本单位职工同等待遇。

第五章　工会的经费和财产

第四十二条　工会经费的来源：

（一）工会会员缴纳的会费；

（二）建立工会组织的企业、事业单位、机关按每月全部职工工资总额的百分之二向工会拨缴的经费；

（三）工会所属的企业、事业单位上缴的收入；

（四）人民政府的补助；

（五）其他收入。

前款第二项规定的企业、事业单位拨缴的经费在税前列支。

工会经费主要用于为职工服务和工会活动。经费使用的具体办法由中华全国总工会制定。

第四十三条　企业、事业单位无正当理由拖延或者拒不拨缴工会经费，基层工会或者上级工会可以向当地人民法院申请支付令；拒不执行支付令的，工会可以依法申请人民法院强制执行。

第四十四条　工会应当根据经费独立原则，建立预算、决算和经费审查监督制度。

各级工会建立经费审查委员会。

各级工会经费收支情况应当由同级工会经费审查委员会审查，并且定期向会员大会或者会员代表大会报告，接受监督。工会会员大会或者会员代表大会有权对经费使用情况提出意见。

工会经费的使用应当依法接受国家的监督。

第四十五条　各级人民政府和企业、事业单位、机关应当为工会办公和开展活动，提供必要的设施和活动场所等物质条件。

第四十六条　工会的财产、经费和国家拨给工会使用的不动产，任何组织和个人不得侵占、挪用和任意调拨。

第四十七条　工会所属的为职工服务的企业、事业单位，其隶属关系不得随意改变。

第四十八条　县级以上各级工会的离休、退休人员的待遇，与国家机关工作人员同等对待。

第六章 法律责任

第四十九条 工会对违反本法规定侵犯其合法权益的，有权提请人民政府或者有关部门予以处理，或者向人民法院提起诉讼。

第五十条 违反本法第三条、第十一条规定，阻挠职工依法参加和组织工会或者阻挠上级工会帮助、指导职工筹建工会的，由劳动行政部门责令其改正；拒不改正的，由劳动行政部门提请县级以上人民政府处理；以暴力、威胁等手段阻挠造成严重后果，构成犯罪的，依法追究刑事责任。

第五十一条 违反本法规定，对依法履行职责的工会工作人员无正当理由调动工作岗位，进行打击报复的，由劳动行政部门责令改正、恢复原工作；造成损失的，给予赔偿。

对依法履行职责的工会工作人员进行侮辱、诽谤或者进行人身伤害，构成犯罪的，依法追究刑事责任；尚未构成犯罪的，由公安机关依照治安管理处罚法的规定处罚。

第五十二条 违反本法规定，有下列情形之一的，由劳动行政部门责令恢复其工作，并补发被解除劳动合同期间应得的报酬，或者责令给予本人年收入二倍的赔偿：

（一）职工因参加工会活动而被解除劳动合同的；

（二）工会工作人员因履行本法规定的职责而被解除劳动合同的。

第五十三条 违反本法规定，有下列情形之一的，由县级以上人民政府责令改正，依法处理：

（一）妨碍工会组织职工通过职工代表大会和其他形式依法行使民主权利的；

（二）非法撤销、合并工会组织的；

（三）妨碍工会参加职工因工伤亡事故以及其他侵犯职工合法权益问题的调查处理的；

（四）无正当理由拒绝进行平等协商的。

第五十四条 违反本法第四十六条规定，侵占工会经费和财产拒不返还的，工会可以向人民法院提起诉讼，要求返还，并赔偿损失。

第五十五条 工会工作人员违反本法规定，损害职工或者工会权益的，由同级工会或者上级工会责令改正，或者予以处分；情节严重的，依照《中国工会章程》予以罢免；造成损失的，应当承担赔偿责任；构成犯罪的，依法追究刑事责任。

第七章 附　则

第五十六条 中华全国总工会会同有关国家机关制定机关工会实施本法的具体办法。

第五十七条 本法自公布之日起施行。1950年6月29日中央人民政府颁布的《中华人民共和国工会法》同时废止。

7.2.14 《中国工会章程》

《中国工会章程》是中华全国总工会制定的章程，于1988年10月28日中国工会第11次全国代表大会修正通过。

2018年10月26日，中国工会第十七次全国代表大会通过《关于〈中国工会章程（修正案）〉的决议》（草案）。

中国工会章程

（2018年10月26日　中国工会第十七次全国代表大会通过）

总　　则

中国工会是中国共产党领导的职工自愿结合的工人阶级群众组织，是党联系职工群众的桥梁和纽带，是国家政权的重要社会支柱，是会员和职工利益的代表。

中国工会以宪法为根本活动准则，按照《中华人民共和国工会法》和本章程独立自主地开展工作，依法行使权利和履行义务。

工人阶级是我国的领导阶级，是先进生产力和生产关系的代表，是中国共产党最坚实最可靠的阶级基础，是改革开放和社会主义现代化建设的主力军，是维护社会安定的强大而集中的社会力量。中国工会高举中国特色社会主义伟大旗帜，以马克思列宁主义、毛泽东思想、邓小平理论、“三个代表”重要思想、科学发展观、习近平新时代中国特色社会主义思想为指导，贯彻执行党的以经济建设为中心，坚持四项基本原则，坚持改革开放的基本路线，保持和增强政治性、先进性、群众性，坚定不移地走中国特色社会主义工会发展道路，推动党的全心全意依靠工人阶级的根本指导方针的贯彻落实，全面履行工会的社会职能，在维护全国人民总体利益的同时，更好地表达和维护职工的具体利益，团结和动员全国职工自力更生、艰苦创业，坚持和发展中国特色社会主义，为全面建成小康社会、把我国建设成为富强民主文明和谐美丽的社会主义现代化强国、实现中华民族伟大复兴的中国梦而奋斗。

中国工会坚持自觉接受中国共产党的领导，承担团结引导职工群众听党话、跟党走的政治责任，巩固和扩大党执政的阶级基础和群众基础。

中国工会的基本职责是维护职工合法权益、竭诚服务职工群众。

中国工会按照中国特色社会主义事业“五位一体”总体布局和“四个全面”战略布局，贯彻创新、协调、绿色、开放、共享的发展理念，把握为实现中华民族伟大复兴的中国梦而奋斗的工人运动时代主题，弘扬劳模精神、劳动精神、工匠精神，动员和组织职工积极参加建设和改革，努力促进经济、政治、文化、社会和生态文明建设；代表和组织职工参与国家和社会事务管理，参与企业、事业单位和机关的民主管理；教育职工践行社会主义核心价值观，不断提高思想道德素质、科学文化素质和技术技能素质，推进产业工人队伍建设改革，建设有理想、有道德、有文化、有纪律的职工队伍，不断发展工人阶级先进性。

中国工会以忠诚党的事业、竭诚服务职工为己任，坚持组织起来、切实维权的工作方针，坚持以职工为本、主动依法科学维权的维权观，促进完善社会主义劳动法律，维护职工的经济、政治、文化和社会权利，参与协调劳动关系和社会利益关系，推动构建和谐劳动关系，促进经济高质量发展和社会的长期稳定，维护工人阶级和工会组织的团结统一，为构建社会主义和谐社会作贡献。

中国工会维护工人阶级领导的、以工农联盟为基础的人民民主专政的社会主义国家政权，协助人民政府开展工作，依法发挥民主参与和社会监督作用。

中国工会在企业、事业单位中，按照促进企事业发展、维护职工权益的原则，支持行政依法行使管理权力，组织职工参加民主管理和民主监督，与行政方面建立协商制度，保障职工的合法权益，调动职工的积极性，促进企业、事业的发展。

中国工会实行产业和地方相结合的组织领导原则，坚持民主集中制。

中国工会坚持以改革创新精神加强自身建设，构建联系广泛、服务职工的工作体系，增强团结教育、维护权益、服务职工的功能，坚持群众化、民主化，保持同会员群众的密切联系，依靠会员群众开展工会工作。各级工会领导机关坚持把工作重点放到基层，着力扩大覆盖面、增强代表性，着力强化服务意识、提高维权能力，着力加强队伍建设、提升保障水平，坚持服务职工群众的工作生命线，全心全意为基层、为职工服务，构建智慧工会，增强基层工会的吸引力凝聚力战斗力，把工会组织建设得更加充满活力、更加坚强有力，成为深受职工群众信赖的学习型、服务型、创新型“职工之家”。

工会兴办的企业、事业，坚持公益性、服务性，坚持为改革开放和发展社会生产力服务，为职工群众服务，为推进工运事业服务。

中国工会努力巩固和发展工农联盟，坚持最广泛的爱国统一战线，加强包括香港特别行政区同胞、澳门特别行政区同胞、台湾同胞和海外侨胞在内的全国各族人民的大团结，促进祖国的统一、繁荣和富强。

中国工会在国际事务中坚持独立自主、互相尊重、求同存异、加强合作、增进友谊的方针，在独立、平等、互相尊重、互不干涉内部事务的原则基础上，广泛建立和发展同国际和各国工会组织的友好关系，积极参与“一带一路”建设，增进我国工人阶级同各国工人阶级的友谊，同全世界工人和工会一起，在推动构建人类命运共同体中发挥作用，为世界的和平、发展、合作、工人权益和社会进步而共同努力。

中国工会落实新时代党的建设总要求，以党的政治建设为统领，全面加强党的建设，增强政治意识、大局意识、核心意识、看齐意识，坚定道路自信、理论自信、制度自信、文化自信，坚决维护习近平总书记党中央的核心、全党的核心地位，坚决维护党中央权威和集中统一领导，在思想上政治上行动上同以习近平同志为核心的党中央保持高度一致。

第一章　会　　员

第一条　凡在中国境内的企业、事业单位、机关和其他社会组织中，以工资收入为主要生活来源或者与用人单位建立劳动关系的体力劳动者和脑力劳动者，不分民族、种族、性别、职业、宗教信仰、教育程度，承认工会章程，都可以加入工会为会员。

第二条　职工加入工会，由本人自愿申请，经工会基层委员会批准并发给会员证。

第三条　会员享有以下权利：

（一）选举权、被选举权和表决权。

（二）对工会工作进行监督，提出意见和建议，要求撤换或者罢免不称职的工会工作人员。

（三）对国家和社会生活问题及本单位工作提出批评与建议，要求工会组织向有关方面如实反映。

（四）在合法权益受到侵犯时，要求工会给予保护。

（五）工会提供的文化、教育、体育、旅游、疗休养、互助保障、生活救助、法律服务、就业服务等优惠待遇；工会给予的各种奖励。

（六）在工会会议和工会媒体上，参加关于工会工作和职工关心问题的讨论。

第四条　会员履行下列义务：

（一）认真学习贯彻习近平新时代中国特色社会主义思想，学习政治、经济、文化、法律、科学、技术和工会基本知识等。

（二）积极参加民主管理，努力完成生产和工作任务，立足本职岗位建功立业。

（三）遵守宪法和法律，践行社会主义核心价值观，弘扬中华民族传统美德，恪守社会公德、职业道德、家庭美德、个人品德，遵守劳动纪律。

（四）正确处理国家、集体、个人三者利益关系，向危害国家、社会利益的行为作斗争。

（五）维护中国工人阶级和工会组织的团结统一，发扬阶级友爱，搞好互助互济。

（六）遵守工会章程，执行工会决议，参加工会活动，按月交纳会费。

第五条　会员组织关系随劳动（工作）关系变动，凭会员证明接转。

第六条　会员有退会自由。会员退会由本人向工会小组提出，由工会基层委员会宣布其退会并收回会员证。

会员没有正当理由连续六个月不交纳会费、不参加工会组织生活，经教育拒不改正，应当视为自动退会。

第七条　对不执行工会决议、违反工会章程的会员，给予批评教育。对严重违法犯罪并受到刑事处分的会员，开除会籍。开除会员会籍，须经工会小组讨论，提出意见，由工会基层委员会决定，报上一级工会备案。

第八条　会员离休、退休和失业，可保留会籍。保留会籍期间免交会费。

工会组织要关心离休、退休和失业会员的生活，积极向有关方面反映他们的愿望和要求。

第二章　组织制度

第九条　中国工会实行民主集中制，主要内容是:

（一）个人服从组织，少数服从多数，下级组织服从上级组织。

（二）工会的各级领导机关，除它们派出的代表机关外，都由民主选举产生。

（三）工会的最高领导机关，是工会的全国代表大会和它所产生的中华全国总工会执行委员会。工会的地方各级领导机关，是工会的地方各级代表大会和它所产生的总工会委员会。

（四）工会各级委员会，向同级会员大会或者会员代表大会负责并报告工作，接受会员监督。会员大会和会员代表大会有权撤换或者罢免其所选举的代表和工会委员会组成人员。

（五）工会各级委员会，实行集体领导和分工负责相结合的制度。凡属重大问题由委员会民主讨论，作出决定，委员会成员根据集体的决定和分工，履行自己的职责。

（六）工会各级领导机关，加强对下级组织的领导和服务，经常向下级组织通报情况，听取下级组织和会员的意见，研究和解决他们提出的问题。下级组织应及时向上级组织请示报告工作。

第十条　工会各级代表大会的代表和委员会的产生，要充分体现选举人的意志。候选人名单，要反复酝酿，充分讨论。选举采用无记名投票方式，可以直接采用候选人数多于应选人数的差额选举办法进行正式选举，也可以先采用差额选举办法进行预选，产生候选人名单，然后进行正式选举。任何组织和个人，不得以任何方式强迫选举人选举或不选举某个人。

第十一条　中国工会实行产业和地方相结合的组织领导原则。同一企业、事业单位、机关和其他社会组织中的会员，组织在一个工会基层组织中；同一行业或者性质相近的几个行业，根据需要建立全国的或者地方的产业工会组织。除少数行政管理体制实行垂直管理的产业，其产业工会实行产业工会和地方工会双重领导，以产业工会领导为主外，其他产业工会均实行以地方工会领导为主，同时接受上级产业工会领导的体制。各产业工会的领导体制，由中华全国总工会确定。

省、自治区、直辖市，设区的市和自治州，县（旗）、自治县、不设区的市建立地方总工会。地方总工会是当地地方工会组织和产业工会地方组织的领导机关。全国建立统一的中华全国总工会。中华全国总工会是各级地方总工会和各产业工会全国组织的领导机关。

中华全国总工会执行委员会委员和产业工会全国委员会委员实行替补制，各级地方总工会委员会委员和地方产业工会委员会委员，也可以实行替补制。

第十二条　县和县以上各级地方总工会委员会，根据工作需要可以派出代表机关。

县和县以上各级工会委员会，在两次代表大会之间，认为有必要时，可以召集代表会议，讨论和决定需要及时解决的重大问题。代表会议代表的名额和产生办法，由召集代表会议的总工会决定。

全国产业工会、各级地方产业工会、乡镇工会和城市街道工会的委员会，可以按照联合制、代表制原则，由下一级工会组织民主选举的主要负责人和适当比例的有关方面代表组成。

上级工会可以派员帮助和指导用人单位的职工组建工会。

第十三条　各级工会代表大会选举产生同级经费审查委员会。中华全国总工会经费审查委员会设常务委员会，省、自治区、直辖市总工会经费审查委员会和独立管理经费的全国产业工会经费审查委员会，应当设常务委员会。经费审查委员会负责审查同级工会组织及其直属企业、事业单位的经费收支和资产管理情况，监督财经法纪的贯彻执行和工会经费的使用，并接受上级工会经费审查委员会的指导和监督。工会经费审查委员会向同级会员大会或会员代表大会负责并报告工作；在大会闭会期间，向同级工会委员会负责并报告工作。

上级经费审查委员会应当对下一级工会及其直属企业、事业单位的经费收支和资产管理情况进行审查。

中华全国总工会经费审查委员会委员实行替补制，各级地方总工会经费审查委员会委员和独立管理经费的产业工会经费审查委员会委员，也可以实行替补制。

第十四条　各级工会建立女职工委员会，表达和维护女职工的合法权益。女职工委员会由同级工会委员会提名，在充分协商的基础上组成或者选举产生，女职工委员会与工会委员会同时建立，在同级工会委员会领导下开展工作。企业工会女职工委员会是县或者县以上妇联的团体会员，通过县以上地方工会接受妇联的业务指导。

第十五条　县和县以上各级工会组织应当建立法律服务机构，为保护职工和工会组织的合法权益提供服务。

各级工会组织应当组织和代表职工开展劳动法律监督。

第十六条　成立或者撤销工会组织，必须经会员大会或者会员代表大会通过，并报上一级工会批准。工会基层组织所在的企业终止，或者所在的事业单位、机关和其他社会组织被撤销，该工会组织相应撤销，并报上级工会备案。其他组织和个人不得随意撤销工会组织，也不得把工会组织的机构撤销、合并或者归属其他工作部门。

第三章　全国组织

第十七条　中国工会全国代表大会，每五年举行一次，由中华全国总工会执行委员会召集。在特殊情况下，由中华全国总工会执行委员会主席团提议，经执行委员会全体会议通过，可以提前或者延期举行。代表名额和代表选举办法由中华全国总工会决定。

第十八条　中国工会全国代表大会的职权是：

（一）审议和批准中华全国总工会执行委员会的工作报告。

（二）审议和批准中华全国总工会执行委员会的经费收支情况报告和经费审查委员会的工作报告。

（三）修改中国工会章程。

（四）选举中华全国总工会执行委员会和经费审查委员会。

第十九条　中华全国总工会执行委员会，在全国代表大会闭会期间，负责贯彻执行全国代表大会的决议，领导全国工会工作。

执行委员会全体会议选举主席一人、副主席若干人、主席团委员若干人，组成主席团。

执行委员会全体会议由主席团召集，每年至少举行一次。

第二十条　中华全国总工会执行委员会全体会议闭会期间，由主席团行使执行委员会的职权。主席团全体会议，由主席召集。

主席团闭会期间，由主席、副主席组成的主席会议行使主席团职权。主席会议由中华全国总工会主席召集并主持。

主席团下设书记处，由主席团在主席团成员中推选第一书记一人，书记若干人组成。书记处在主席团领导下，主持中华全国总工会的日常工作。

第二十一条　产业工会全国组织的设置，由中华全国总工会根据需要确定。

产业工会全国委员会的建立，经中华全国总工会批准，可以按照联合制、代表制原则组成，也可以由产业工会全国代表大会选举产生。全国委员会每届任期五年。任期届满，应当如期召开会议，进行换届选举。在特殊情况下，经中华全国总工会批准，可以提前或者延期举行。

产业工会全国代表大会和按照联合制、代表制原则组成的产业工会全国委员会全体会议的职权是：审议和批准产业工会全国委员会的工作报告；选举产业工会全国委员会或者产业工会全国委员会常务委员会。独立管理经费的产业工会，选举经费审查委员会，并向产业工会全国代表大会或者委员会全体会议报告工作。产业工会全国委员会常务委员会由主席一人、副主席若干人、常务委员若干人组成。

第四章　地方组织

第二十二条　省、自治区、直辖市，设区的市和自治州，县（旗）、自治县、不设区的市的工会代表大会，由同级总工会委员会召集，每五年举行一次。在特殊情况下，由同级总工会委员会提议，经上一级工会批准，可以提前或者延期举行。工会的地方各级代表大会的职权是：

（一）审议和批准同级总工会委员会的工作报告。

（二）审议和批准同级总工会委员会的经费收支情况报告和经费审查委员会的工作报告。

（三）选举同级总工会委员会和经费审查委员会。

各级地方总工会委员会，在代表大会闭会期间，执行上级工会的决定和同级工会代表大会的决议，领导本地区的工会工作，定期向上级总工会委员会报告工作。

根据工作需要，省、自治区总工会可在地区设派出代表机关。直辖市和设区的市总工会在区一级建立总工会。

县和城市的区可在乡镇和街道建立乡镇工会和街道工会组织，具备条件的，建立总工会。

第二十三条　各级地方总工会委员会选举主席一人、副主席若干人、常务委员若干人，组成常务委员会。工会委员会、常务委员会和主席、副主席以及经费审查委员会的选举结果，报上一级总工会批准。

各级地方总工会委员会全体会议，每年至少举行一次，由常务委员会召集。各级地方总工会常务委员会，在委员会全体会议闭会期间，行使委员会的职权。

第二十四条　各级地方产业工会组织的设置，由同级地方总工会根据本地区的实际情况确定。

第五章　基层组织

第二十五条　企业、事业单位、机关和其他社会组织等基层单位，应当依法建立工会组织。社区和行政村可以建立工会组织。从实际出发，建立区域性、行业性工会联合会，推进新经济组织、新社会组织工会组织建设。

有会员二十五人以上的，应当成立工会基层委员会；不足二十五人的，可以单独建立工会基层委员会，也可以由两个以上单位的会员联合建立工会基层委员会，也可以选举组织员或者工会主席一人，主持基层工会工作。工会基层委员会有女会员十人以上的建立女职工委员会，不足十人的设女职工委员。

职工二百人以上企业、事业单位的工会设专职工会主席。工会专职工作人员的人数由工会与企业、事业单位协商确定。

基层工会具备法人条件，依法取得社团法人资格，工会主席为法定代表人。

第二十六条　工会基层组织的会员大会或者会员代表大会，每年至少召开一次。经基层工会委员会或者三分之一以上的工会会员提议，可以临时召开会员大会或者会员代表大会。工会会员在一百人以下的基层工会应当召开会员大会。

工会会员大会或者会员代表大会的职权是：

（一）审议和批准工会基层委员会的工作报告。

（二）审议和批准工会基层委员会的经费收支情况报告和经费审查委员会的工作报告。

（三）选举工会基层委员会和经费审查委员会。

（四）撤换或者罢免其所选举的代表或者工会委员会组成人员。

（五）讨论决定工会工作的重大问题。

工会基层委员会和经费审查委员会每届任期三年至五年，具体任期由会员大会或者会员代表大会决定。任期届满，应当如期召开会议，进行换届选举。在特殊情况下，经上一级工会批准，可以提前或者延期举行。

会员代表大会的代表实行常任制，任期与本单位工会委员会相同。

第二十七条　工会基层委员会的委员，应当在会员或者会员代表充分酝酿协商的基础上选举产生；主席、副主席，可以由会员大会或者会员代表大会直接选举产生，也可以由工会基层委员会选举产生。大型企业、事业单位的工会委员会，根据工作需要，经上级工会委员会批准，可以设立常务委员会。工会基层委员会、常务委员会和主席、副主席以及经费审查委员会的选举结果，报上一级工会批准。

第二十八条　工会基层委员会的基本任务是：

（一）执行会员大会或者会员代表大会的决议和上级工会的决定，主持基层工会的日常工作。

（二）代表和组织职工依照法律规定，通过职工代表大会、厂务公开和其他形式，参加本单位民主管理和民主监督，在公司制企业落实职工董事、职工监事制度。企业、事业单位工会委员会是职工代表大会工作机构，负责职工代表大会的日常工作，检查、督促职工代表大会决议的执行。

（三）参与协调劳动关系和调解劳动争议，与企业、事业单位行政方面建立协商制度，协商解决涉及职工切身利益问题。帮助和指导职工与企业、事业单位行政方面签订和履行劳动合同，代表职工与企业、事业单位行政方面签订集体合同或者其他专项协议，并监督执行。

（四）组织职工开展劳动和技能竞赛、合理化建议、技能培训、技术革新和技术协作等活动，培育工匠人才，总结推广先进经验。做好劳动模范和先进生产（工作）者的评选、表彰、培养和管理服务工作。

（五）加强对职工的政治引领和思想教育，开展法治宣传教育，重视人文关怀和心理疏导，鼓励支持职工学习文化科学技术和管理知识，开展健康的文化体育活动。推进企业文化职工文化建设，办好工会文化、教育、体育事业。

（六）监督有关法律、法规的贯彻执行。协助和督促行政方面做好工资、安全生产、职业病防治和社会保险等方面的工作，推动落实职工福利待遇。办好职工集体福利事业，改善职工生活，对困难职工开展帮扶。依法参与生产安全事故和职业病危害事故的调查处理。

（七）维护女职工的特殊利益，同歧视、虐待、摧残、迫害女职工的现象作斗争。

（八）搞好工会组织建设，健全民主制度和民主生活。建立和发展工会积极分子队伍。做好会员的发展、接收、教育和会籍管理工作。加强职工之家建设。

（九）收好、管好、用好工会经费，管理好工会资产和工会的企业、事业。

第二十九条　教育、科研、文化、卫生、体育等事业单位和机关工会，从脑力劳动者比较集中的特点出发开展工作，积极了解和关心职工的思想、工作和生活，推动党的知识分子政策的贯彻落实。组织职工搞好本单位的民主管理和民主监督，为发挥职工的聪明才智，创造良好的条件。

第三十条　工会基层委员会根据工作需要，可以在分厂、车间（科室）建立分厂、车间（科室）工会委员会。分厂、车间（科室）工会委员会由分厂、车间（科室）会员大会或者会员代表大会选举产生，任期和工会基层委员会相同。

工会基层委员会和分厂、车间（科室）委员会，可以根据需要设若干专门委员会或者专门小组。

按照生产（行政）班组建立工会小组，民主选举工会小组长，积极开展工会小组活动。

第六章　工 会 干 部

第三十一条　各级工会组织按照革命化、年轻化、知识化、专业化的要求，努力建设一支坚持党的基本路线，熟悉本职业务，热爱工会工作，受到职工信赖的干部队伍。

第三十二条　工会干部要努力做到：

（一）认真学习马克思列宁主义、毛泽东思想、邓小平理论、“三个代表”重要思想、科学发展观、习近平新时代中国特色社会主义思想，学习政治、经济、历史、文化、科技、法律和工会业务等知识，提高政治能力，增强群众工作本领。

（二）执行党的基本路线和各项方针政策，遵守国家法律、法规，在改革开放和社会主义现代化建设中勇于开拓创新。

（三）信念坚定，忠于职守，勤奋工作，敢于担当，廉洁奉公，顾全大局，维护团结。

（四）坚持实事求是，认真调查研究，如实反映职工的意见、愿望和要求。

（五）坚持原则，不谋私利，热心为职工说话办事，依法维护职工的合法权益。

（六）作风民主，联系群众，增强群众意识和群众感情，自觉接受职工群众的批评和监督。

第三十三条　各级工会组织根据有关规定管理工会干部，重视发现培养和选拔优秀年轻干部、女干部、少数民族干部，成为培养干部的重要基地。

基层工会主席、副主席任期未满不得随意调动其工作。因工作需要调动时，应事先征得本级工会委员会和上一级工会同意。

第三十四条　各级工会组织建立与健全干部培训制度。办好工会干部院校和各种培训班。

第三十五条　各级工会组织关心工会干部的思想、学习和生活，督促落实相应的待遇，支持他们的工作，坚决同打击报复工会干部的行为作斗争。

县和县以上工会设立工会干部权益保障金，保障工会干部依法履行职责。

县和县以上工会可以为基层工会选派、聘用工作人员。

第七章　工会经费和资产

第三十六条　工会经费的来源：

（一）会员交纳的会费。

（二）企业、事业单位、机关和其他社会组织按全部职工工资总额的百分之二向工会拨缴的经费或者建会筹备金。

（三）工会所属的企业、事业单位上缴的收入。

（四）人民政府和企业、事业单位、机关和其他社会组织的补助。

（五）其他收入。

第三十七条　工会经费主要用于为职工服务和开展工会活动。各级工会组织应坚持正确使用方向，加强预算管理，优化支出结构，开展监督检查。

第三十八条　县和县以上各级工会应当与税务、财政等有关部门合作，依照规定做好工会经费收缴和应当由财政负担的工会经费拨缴工作。

未成立工会的企业、事业单位、机关和其他社会组织，按工资总额的百分之二向上级工会拨缴工会建会筹备金。

具备社团法人资格的工会应当依法设立独立经费账户。

第三十九条　工会资产是社会团体资产，中华全国总工会对各级工会的资产拥有终极所有权。各级工会依法依规加强对工会资产的监督、管理，保护工会资产不受损害，促进工会资产保值增值。根据经费独立原则，建立预算、决算、资产监管和经费审查监督制度。实行“统一领导、分级管理”的财务体制、“统一所有、分级监管、单位使用”的资产监管体制和“统一领导、分级管理、分级负责、下审一级”的经费审查监督体制。工会经费、资产的管理和使用办法以及工会经费审查监督制度，由中华全国总工会制定。

第四十条　各级工会委员会按照规定编制和审批预算、决算，定期向会员大会或者会员代表大会和上一级工会委员会报告经费收支和资产管理情况，接受上级和同级工会经费审查委员会审查监督。

第四十一条　工会经费、资产和国家及企业、事业单位等拨给工会的不动产和拨付资金形成的资产受法律保护，任何单位和个人不得侵占、挪用和任意调拨；不经批准，不得改变工会所属企业、事业单位的隶属关系和产权关系。

工会组织合并，其经费资产归合并后的工会所有；工会组织撤销或者解散，其经费资产由上级工会处置。

第八章　会　　徽

第四十二条　中国工会会徽，选用汉字“中”、“工”两字，经艺术造型呈圆形重叠组成，并在两字外加一圆线，象征中国工会和中国工人阶级的团结统一。会徽的制作标准，由中华全国总工会规定。

第四十三条　中国工会会徽，可在工会办公地点、活动场所、会议会场悬挂，可作为纪念品、办公用品上的工会标志，也可以作为徽章佩戴。

第九章　附　　则

第四十四条　本章程解释权属于中华全国总工会。

7.2.15 《河北省总工会落实全总办公厅〈关于加强基层工会经费收支管理的通知〉的意见》（冀工发〔2015〕6号）

2014年7月8日和12月8日，《中华全国总工会办公厅关于加强基层工会经费收支管理的通知》（以下简称《通知》）和全总财务部《关于〈关于加强基层工会经费收支管理的通知〉的补充通知》（以下简称《补充通知》）印发后，省总工会分别进行了转发。为了切实贯彻落实好上述两个《通知》精神，使基层工会更便于操作执行，经研究，特制定本意见。

一、关于发放各类补助、慰问、奖励等

（一）具体项目

根据《通知》和《补充通知》规定，基层工会在举办活动和开展各项工作中可以发生的补助、慰问、奖励项目，包括：

1. 逢年过节全体会员少量节日慰问品、会员个人和家庭困难补助、会员本人生日慰问；

2. 优秀学员（自学）奖励；

3. 文艺汇演、体育比赛奖励；

4. 评选表彰优秀工会干部和积极分子奖励；

5. 各类活动中按规定开支的伙食补助费、夜餐费等。

（二）原则和程序

1. 明确标准。基层工会必须制定有关规定，明确补助、慰问、奖励发放的统一标准，经本级工会委员会和经费审查委员会讨论通过。要本着合规、合理、适度的原则，厉行勤俭节约、严格控制标准和范围。

2. 手续齐全。发放补助、慰问、奖励时，审批手续应齐全，签领应规范到位，并存档备查。

3. 财务公开。基层工会经费开支情况要及时向会员公开，向会员（代表）大会汇报。慰问品、生日蛋糕等大宗物品采购应该采取招标或货比三家形式确定。

（三）发放标准

1. 逢年过节慰问品发放。慰问对象为全体工会会员。慰问形式为实物，一般为符合中国传统节日习惯的日用品和职工群众必需的生活用品，不得擅自突破慰问范围，不得购买有关规定明令禁止发放的物品。年度总金额按基层工会当年留成的拨缴经费收入的20%以内或按人均不超过400元。

2. 会员本人生日慰问。会员本人过生日，工会应慰问祝贺。通过购买生日蛋糕慰问或购买同等价值蛋糕提货券。慰问标准人均不得超过300元。蛋糕或蛋糕券发放应签收到位。

3. 组织会员观看电影、开展春游秋游等集体活动。用会费组织会员看电影时，应尽量统一组织。因会员工作性质、时间等原因不能统一组织的，可发放同等价值电影券。用会费组织会员开展春游秋游等集体活动，一年不超过两次，应严格控制在单位所在城市，并做到当日往返。

二、关于“当会费不足时，基层工会可以用工会经费予以适当弥补”

基层工会用工会会员个人交纳的会费组织会员观看电影、开展春游秋游等集体活动时，如会费不足，可以用工会经费弥补，全年弥补的总金额不得大于当年度会费收入。

三、关于相关开支的核算科目

1. 逢年过节全体会员少量节日慰问品和会员本人生日慰问支出，在“其他支出”核算。

2. 优秀学员（自学）奖励支出在“职工活动支出—职工教育费”核算。

3. 文艺汇演、体育比赛奖励支出在“职工活动支出—文体活动费”核算。

4. 文体活动中按规定开支的伙食补助费、夜餐费支出，在“职工活动支出—文体活动费”核算。

5. 评选表彰优秀工会干部和积极分子奖励支出，在“业务支出—专项业务费”核算。

6. 会员个人和家庭困难补助等支出，在“维权支出—送温暖费”核算。

7. 用会费组织会员观看电影、开展春游秋游等集体活动支出，在“职工活动支出—其他活动支出”核算。

四、关于工会与行政的费用划分

1. 本意见开支范围仅限工会经费，按国家有关规定，由单位行政支出的职工福利费等不受此限制。

2. 按照全总财务部《补充通知》附件要求，应由行政承担的费用，工会经费不应列支。

五、有关要求

1. 基层工会要督促建会单位按每月全部职工工资总额的2%拨缴工会经费，并按照基层工会留用60%、上缴上级工会40%的比例分成（另有规定的除外）。要坚持工会经费为职工群众和工会工作服务的方向，多为职工办实事、做好事、解难事，让工会经费真正惠及广大职工群众和工会会员，不断增强基层工会组织的凝聚力。

2. 基层工会要认真贯彻落实中央八项规定精神和全总《通知》有关规定，严格控制工会经费开支，特别是严格执行全总经费支出“八不准”规定，严禁挤占挪用工会经费，严禁将工会经费用于服务职工群众和开展工会活动以外的开支。

3. 各级工会应加强对基层工会经费收支的管理和监督，对违反规定和要求的行为，应及时予以纠正，情节严重的，按有关规定处理。

4. 本意见自印发之日起实行。请市、县两级工会尽快转发各基层工会，并认真遵照执行。

7.2.16 《住房城乡建设部关于做好建筑企业跨省承揽业务监督管理工作的通知》（建市〔2013〕38号）

住房城乡建设部关于做好建筑企业跨省承揽业务监督管理工作的通知

建市〔2013〕38号　2013.3.15

各省、自治区住房城乡建设厅，直辖市建委（建交委），北京市规委，新疆生产建设兵团建设局：

为推动建立统一开放、公平竞争的建筑市场秩序，促进建筑企业持续健康发展，现就进一步做好建筑企业（包括工程勘察、设计、施工、监理、招标代理，下同）跨省承揽业务监督管理工作通知如下：

一、各级住房城乡建设行政主管部门应当严格执行国家相关法律、法规，给予外地建筑企业与本地建筑企业同等待遇，严禁设置地方壁垒。不得对外地企业设立审批性备案和借用备案名义收取费用；不得强制要求外地企业在本地注册独立子公司、分公司；不得强行扣押外地备案企业和人员的相关证照资料；不得要求企业注册所在地住房城乡建设主管部门或其上级主管部门出具相关证明等。

二、实行备案的各省（区、市）住房城乡建设主管部门应当随时接收外地企业备案材料，即时办理备案手续，仅限于对企业营业执照、企业资质证书、企业安全生产许可证、企业驻本地办公场地租赁（或产权）证明、企业法定代表人签署的企业驻本地的业务负责人授权委托书进行备案复核。

三、省（区、市）住房城乡建设主管部门应当将已备案的外地企业信息及时通报本地区各级住房城乡建设主管部门，备案信息应当及时向社会公开。省内各级建设主管部门不得要求已在本省办理过登记备案手续的企业重复备案。

四、省（区、市）住房城乡建设主管部门应当结合建筑市场监管的实际情况，调整监管思路，创新监管机制，在简化备案手续的同时，加大对备案企业市场行为的动态监管力度。对允许其他单位或个人以本单位名义承揽业务，以任何方式同不具备资质、资格条件的单位或个人合作承揽业务，拖欠工程款和农民工工资，围标串标、转包和违法分包，超越资质等级承揽业务等违法违规行为和发生质量安全事故的企业依法予以查处。

五、省（区、市）住房城乡建设主管部门应当加强对本地区各级主管部门跨省备案管理工作的指导和监督，对在市场准入、招标投标等方面设立不合理条件排斥或限制外地企业承揽业务的，上级主管部门应当予以制止，并责令其限期改正，逾期仍未改正的，上级主管部门应当予以通报批评。

六、省（区、市）住房城乡建设主管部门应对所有本地和外地的建筑企业建立信用档案，积极推动本地区建筑市场监管信息系统建设，通过市场和现场的两场监管联动，实施跟踪管理。工程项目所在地县级及以上地方建设主管部门应当依法查处本区域跨省企业和个人在承揽业务中的违法违规行为，并将违法事实、处理结果或处理建议通过省（区、市）住房城乡建设主管部门及时告知该企业注册地省（区、市）住房城乡建设主管部门。对于重大违法违规行为，按照有关规定由省（区、市）住房城乡建设主管部门报送住房城乡建设部，作为不良行为信息向社会公布，并按有关规定严肃查处。

7.2.17 《关于印发〈公平竞争审查制度实施细则（暂行）〉的通知》（发改价监〔2017〕1849号）

关于印发《公平竞争审查制度实施细则（暂行）》的通知

发改价监〔2017〕1849号

各省、自治区、直辖市人民政府，国务院各部委、各直属机构:

根据《国务院关于在市场体系建设中建立公平竞争审查制度的意见》（国发〔2016〕34号）要求，国家发展改革委、财政部、商务部、国家工商行政管理总局、国务院法制办会同有关部门研究制定了《公平竞争审查制度实施细则（暂行）》，经国务院同意，现予印发，请各行政机关以及法律、法规授权的具有管理公共事务职能的组织，在开展公平竞争审查时认真贯彻执行。

附件：公平竞争审查制度实施细则（暂行）

国家发展改革委

财政部

商务部

工商总局

国务院法制办

2017年10月23日

附件

公平竞争审查制度实施细则（暂行）

第一章 总 则

第一条 为保障公平竞争审查工作顺利开展，推动公平竞争审查制度有效实施，根据《中华人民共和国反垄断法》、《国务院关于在市场体系建设中建立公平竞争审查制度的意见》（国发〔2016〕34号，以下简称《意见》），制定本细则。

第二条 行政机关以及法律法规授权的具有管理公共事务职能的组织（以下统称政策制定机关），在制定市场准入、产业发展、招商引资、招标投标、政府采购、经营行为规范、资质标准等涉及市场主体经济活动的规章、规范性文件和其他政策措施（以下统称政策措施）时，应当进行公平竞争审查，评估对市场竞争的影响，防止排除、限制市场竞争。

经审查认为不具有排除、限制竞争效果的，可以实施；具有排除、限制竞争效果的，应当不予出台或者调整至符合相关要求后出台；未经公平竞争审查的，不得出台。

以多个部门名义联合制定出台的政策措施，由牵头部门负责公平竞争审查，其他部门在各自职责范围内参与公平竞争审查。

第三条　对行政法规和国务院制定的政策措施、政府部门负责起草的地方性法规，由起草部门在起草过程中参照本细则规定进行公平竞争审查。未经公平竞争审查不得提交审议。

第四条　国家发展改革委、国务院法制办、财政部、商务部、工商总局会同有关部门，建立公平竞争审查工作部际联席会议制度，统筹协调推进公平竞争审查相关工作，对实施公平竞争审查制度进行宏观指导。地方各级人民政府建立的公平竞争审查联席会议或者相应的工作协调机制（以下统称联席会议），负责统筹协调本地区公平竞争审查工作。

各级公平竞争审查联席会议应当每年向上级公平竞争审查联席会议报告本地区公平竞争审查制度实施情况。

第二章　审查机制和程序

第五条　政策制定机关应当建立健全自我审查机制，明确责任机构和审查程序。自我审查可以由政策制定机关的具体业务机构负责，或者由政策制定机关指定特定机构统一负责，也可以采取其他方式实施。

第六条　政策制定机关开展公平竞争审查应当遵循审查基本流程（可参考附件一），并形成明确的书面审查结论（可参考附件二）。书面审查结论由政策制定机关存档。

未形成书面审查结论出台政策措施的，视为未进行公平竞争审查。

第七条　政策制定机关开展公平竞争审查，应当征求利害关系人意见或者向社会公开征求意见，并在书面审查结论中说明征求意见情况。对出台前需要保密的政策措施，由政策制定机关按照相关法律法规处理。

利害关系人指参与相关市场竞争的经营者、上下游经营者、消费者以及政策措施可能影响其公平参与市场竞争的其他市场主体。

第八条　政策制定机关开展公平竞争审查，可以征求专家学者、法律顾问、专业机构的意见。征求上述方面意见的，应当在书面审查结论中说明有关情况。

第九条　政策制定机关可以就公平竞争审查中遇到的具体问题，向履行相应职责的反垄断执法机构提出咨询。反垄断执法机构基于政策制定机关提供的材料，提出咨询意见。

第十条　政策制定机关开展公平竞争审查时，对存在较大争议或者部门意见难以协调一致的问题，可以提请同级公平竞争审查联席会议协调。联席会议认为确有必要的，可以根据相关工作规则召开会议进行协调。仍无法协调一致的，由政策制定机关提交上级机关决定。

第十一条　政策制定机关应当每年对开展公平竞争审查情况进行总结，于次年 1 月 31 日前将书面总结报告报送同级公平竞争审查联席会议办公室。

第十二条　对经公平竞争审查后出台的政策措施，政策制定机关应当对其影响全国统一市场和公平竞争的情况进行定期评估。经评估认为妨碍全国统一市场和公平竞争的，应当及时废止或者修改完善。

定期评估可以每三年进行一次，也可以由政策制定机关根据实际情况自行决定。自行决定评估时限的，政策制定机关应当在出台政策措施时予以明确。

政策制定机关可以建立专门的定期评估机制，也可以在定期清理本地区、本部门规章和规范性文件时一并评估。

第十三条　鼓励各地区、各部门委托第三方专业机构，协助对政策措施进行公平竞争审查和定期评估。

第三章　审 查 标 准

第十四条　市场准入和退出标准。

（一）不得设置不合理和歧视性的准入和退出条件，包括但不限于：

1. 设置明显不必要或者超出实际需要的准入和退出条件，排斥或者限制经营者参与市场竞争；

2. 没有法律法规依据或者国务院规定，对不同所有制、地区、组织形式的经营者实施差别化待遇，设置不平等的市场准入和退出条件；

3. 没有法律法规依据或者国务院规定，以备案、登记、注册、名录、年检、监制、认定、认证、审定、指定、配号、换证、要求设立分支机构等形式，设定或者变相设定市场准入障碍；

4. 没有法律法规依据或者国务院规定，设置消除或者减少经营者之间竞争的市场准入或者退出条件。

（二）未经公平竞争不得授予经营者特许经营权，包括但不限于：

1. 在一般竞争性领域实施特许经营或者以特许经营为名增设行政许可；

2. 未明确特许经营权期限或者未经法定程序延长特许经营权期限；

3. 未采取招标投标、竞争性谈判等竞争方式，直接将特许经营权授予特定经营者；

4. 设置歧视性条件，使经营者无法公平参与特许经营权竞争。

（三）不得限定经营、购买、使用特定经营者提供的商品和服务，包括但不限于：

1. 以明确要求、暗示、拒绝或者拖延行政审批、重复检查、不予接入平台或者网络等方式，限定或者变相限定经营、购买、使用特定经营者提供的商品和服务；

2. 在招标投标中限定投标人所在地、所有制、组织形式，排斥或者限制潜在投标人参与招标投标活动；

3. 没有法律法规依据，通过设置项目库、名录库等方式，排斥或者限制潜在经营者提供商品和服务。

（四）不得设置没有法律法规依据的审批或者具有行政审批性质的事前备案程序，包括但不限于：

1. 没有法律法规依据增设行政审批事项，增加行政审批环节、条件和程序；

2. 没有法律法规依据设置具有行政审批性质的前置性备案程序。

（五）不得对市场准入负面清单以外的行业、领域、业务等设置审批程序，主要指没有法律法规依据或者国务院决定，采取禁止进入、限制市场主体资质、限制股权比例、限制经营范围和商业模式等方式，直接或者变相限制市场准入。

第十五条 商品和要素自由流动标准。

（一）不得对外地和进口商品、服务实行歧视性价格和歧视性补贴政策，包括但不限于：

1. 制定政府定价或者政府指导价时，对外地和进口同类商品、服务制定歧视性价格；

2. 对相关商品、服务进行补贴时，对外地同类商品、服务和进口同类商品不予补贴或者给予较低补贴。

（二）不得限制外地和进口商品、服务进入本地市场或者阻碍本地商品运出、服务输出，包括但不限于：

1. 对外地商品、服务规定与本地同类商品、服务不同的技术要求、检验标准，或者采取重复检验、重复认证等歧视性技术措施；

2. 对进口商品规定与本地同类商品不同的技术要求、检验标准，或者采取重复检验、重复认证等歧视性技术措施；

3. 没有法律法规依据或者国务院规定，对进口服务规定与本地同类服务不同的技术要求、检验标准，或者采取重复检验、重复认证等歧视性技术措施；

4. 没有法律法规依据，设置专门针对外地和进口商品、服务的专营、专卖、审批、许可；

5. 没有法律法规依据，在道路、车站、港口、航空港或者本行政区域边界设置关卡，阻碍外地和进口商品、服务进入本地市场或者本地商品运出和服务输出；

6. 没有法律法规依据，通过软件或者互联网设置屏蔽以及采取其他手段，阻碍外地和进口商品、服务进入本地市场或者本地商品运出和服务输出。

（三）不得排斥或者限制外地经营者参加本地招标投标活动，包括但不限于：

1. 不依法及时有效地发布招标信息；

2. 直接明确外地经营者不能参与本地特定的招标投标活动；

3. 对外地经营者设定明显高于本地经营者的资质要求或者评审标准；

4. 通过设定与招标项目的具体特点和实际需要不相适应或者与合同履行无关的资格、技术和商务条件，变相限制外地经营者参加本地招标投标活动。

（四）不得排斥、限制或者强制外地经营者在本地投资或者设立分支机构，包括但不限于：

1. 直接拒绝外地经营者在本地投资或者设立分支机构；

2. 没有法律法规依据或者国务院规定，对外地经营者在本地投资的规模、方式以及设立分支机构的地址、模式等进行限制；

3. 没有法律法规依据，直接强制外地经营者在本地投资或者设立分支机构；

4. 没有法律法规依据，将在本地投资或者设立分支机构作为参与本地招标投标、享受补贴和优惠政策等的必要条件，变相强制外地经营者在本地投资或者设立分支机构。

（五）不得对外地经营者在本地的投资或者设立的分支机构实行歧视性待遇，包括但不限于：

1. 对外地经营者在本地的投资不给予与本地经营者同等的政策待遇；

2. 对外地经营者在本地设立的分支机构在经营规模、经营方式、税费缴纳等方面规定与本地经营者不同的要求；

3. 在节能环保、安全生产、健康卫生、工程质量、市场监管等方面，对外地经营者在本地设立的分支机构规定歧视性监管标准和要求。

第十六条　影响生产经营成本标准。

（一）不得违法给予特定经营者优惠政策，包括但不限于：

1. 没有法律法规依据或者国务院规定，给予特定经营者财政奖励和补贴；

2. 没有法律法规依据或者未经国务院批准，减免特定经营者应当缴纳的税款；

3. 没有法律法规依据或者国务院规定，以优惠价格或者零地价向特定经营者出让土地，或者以划拨、作价出资方式向特定经营者供应土地；

4. 没有法律法规依据或者国务院规定，在环保标准、排污权限等方面给予特定经营者特殊待遇；

5. 没有法律法规依据或者国务院规定，对特定经营者减免、缓征或停征行政事业性收费、政府性基金、住房公积金等。

（二）安排财政支出一般不得与企业缴纳的税收或非税收入挂钩，主要指根据企业缴纳的税收或者非税收入情况，采取列收列支或者违法违规采取先征后返、即征即退等形式，对企业进行返还，或者给予企业财政奖励或补贴、减免土地出让收入等优惠政策。

（三）不得违法违规减免或者缓征特定经营者应当缴纳的社会保险费用，主要指没有法律法规依据或者国务院规定，根据经营者规模、所有制形式、组织形式、地区等因素，减免或者缓征特定经营者需要缴纳的基本养老保险费、基本医疗保险费、失业保险费、工伤保险费、生育保险费等。

（四）不得在法律规定之外要求经营者提供或扣留经营者各类保证金，包括但不限于：

1. 没有法律法规或者国务院规定，要求经营者交纳各类保证金；

2. 在经营者履行相关程序或者完成相关事项后，不及时退还经营者交纳的保证金。

第十七条　影响生产经营行为标准。

（一）不得强制经营者从事《中华人民共和国反垄断法》规定的垄断行为，主要指以行政命令、行政授权、行政指导或者通过行业协会等方式，强制、组织或者引导经营者达成、实施垄断协议或者实施滥用市场支配地位行为。

（二）不得违法披露或者违法要求经营者披露生产经营敏感信息，为经营者实施垄断行为提供便利条件。生产经营敏感信息是指除依据法律法规或者国务院规定需要公开之外，生产经营者未主动公开，通过公开渠道无法采集的生产经营数据。主要包括：拟定价格、成本、生产数量、销售数量、生产销售计划、经销商信息、终端客户信息等。

（三）不得超越定价权限进行政府定价，包括但不限于：

1. 对实行政府指导价的商品、服务进行政府定价；

2. 对不属于本级政府定价目录范围内的商品、服务制定政府定价或者政府指导价；

3. 违反《中华人民共和国价格法》等法律法规采取价格干预措施。

（四）不得违法干预实行市场调节价的商品和服务的价格水平，包括但不限于：

1. 制定公布商品和服务的统一执行价、参考价；

2. 规定商品和服务的最高或者最低限价；

3. 干预影响商品和服务价格水平的手续费、折扣或者其他费用。

第四章　例外规定

第十八条　政策制定机关对政策措施进行公平竞争审查时，认为虽然具有一定限制竞争的效果，但属于《意见》规定的为维护国家经济安全、文化安全、涉及国防建设，为实现扶贫开发、救灾救助等社会保障目的，为实现节约能源资源、保护生态环境等社会公共利益以及法律、行政法规规定的例外情形，在同时符合以下条件的情况下可以实施：

（一）对实现政策目的不可或缺，即为实现相关目标必须实施此项政策措施；

（二）不会严重排除和限制市场竞争；

（三）明确实施期限。

第十九条　政策制定机关应当在书面审查结论中说明政策措施是否适用例外规定。认为适用例外规定的，应当对符合适用例外规定的情形和条件进行详细说明。

第二十条　政策制定机关应当逐年评估适用例外规定的政策措施的实施效果，形成书面评估报告。实施期限到期或者未达到预期效果的政策措施，应当及时停止执行或者进行调整。

第五章　社会监督和责任追究

第二十一条　政策制定机关涉嫌未进行公平竞争审查或者违反审查标准出台政策措施的，任何单位和个人可以向政策制定机关反映，政策制定机关应当核实有关情况。

第二十二条　政策制定机关未进行公平竞争审查出台政策措施的，应当及时补做审查。发现存在违反审查标准问题的，应当按照相关程序停止执行或者调整相关政策措施。停止执行或者调整相关政策措施的，应当按照《中华人民共和国政府信息公开条例》要求向社会公开。

第二十三条　政策制定机关涉嫌未进行公平竞争审查或者违反审查标准出台政策措施的，任何单位和个人可以向政策制定机关的上级机关或者反垄断执法机构举报。举报采用书面形式并提供相关事实和证据的，上级机关应当核实有关情况；涉嫌违反《中华人民共和国反垄断法》的，反垄断执法机构应当进行必要的调查。

第二十四条　政策制定机关未进行公平竞争审查或者违反审查标准出台政策措施的，由上级机关责令改正；拒不改正或者不及时改正的，对直接负责的主管人员和其他直接责任人员依据《中华人民共和国公务员法》、《行政机关公务员处分条例》等法律法规给予处分。违反《中华人民共和国反垄断法》的，反垄断执法机构可以向政策制定机关或者其上级机关提出停止执行或者调整政策措施的建议。相关处理决定和建议依据法律法规向社会公开。

第六章　附　　则

第二十五条　各级公平竞争审查联席会议可以根据实际工作需要，建立公平竞争审查工作专家支持体系。

第二十六条　本细则自公布之日起实施。

附件：一、公平竞争审查基本流程

二、公平竞争审查表

附件一

公平竞争审查基本流程

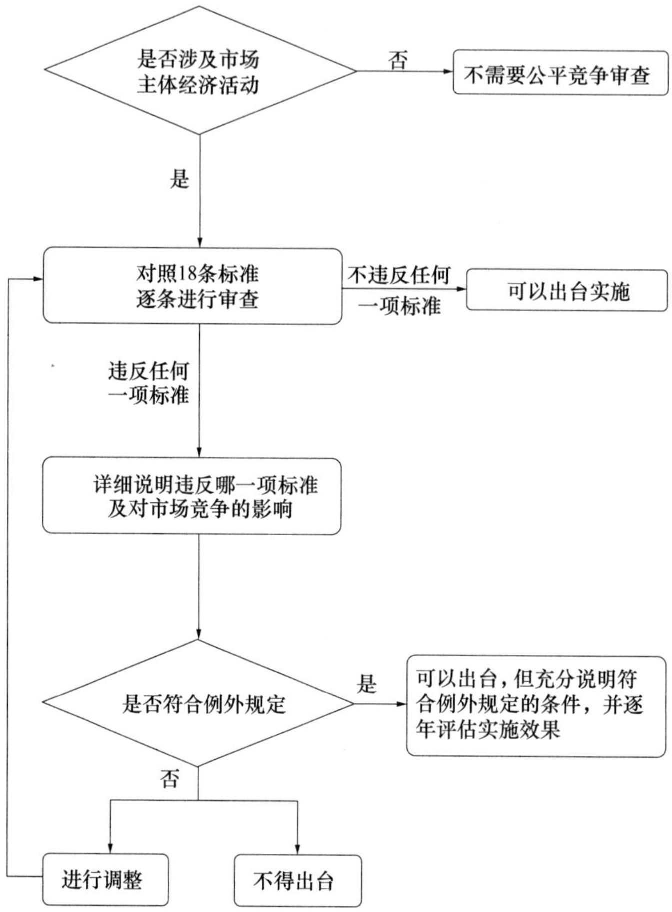

附件二

公平竞争审查表

年　月　日

政策措施名称				
涉及行业领域				
性质	行政法规草案 □　地方性法规草案 □　规章 □ 规范性文件 □　其他政策措施 □			
起草机构	名称			
	联系人		电话	
审查机构	名称			
	联系人		电话	

续表

征求意见情况	征求利害关系人意见 □　　向社会公开征求意见 □
	具体情况（时间、对象、意见反馈和采纳情况）： （可附相关报告）
专家咨询意见（可选）	（可附专家意见书）

竞争影响评估

一、是否违反市场准入与退出标准	是 / 否
1. 设置不合理和歧视性的准入和退出条件	
2. 未经公平竞争授予经营者特许经营权	
3. 限定经营、购买、使用特定经营者提供的商品和服务	
4. 设置没有法律法规依据的审批或者具有行政审批性质的事前备案程序	
5. 对市场准入负面清单以外的行业、领域、业务设置审批程序	
二、是否违反商品要素自由流通标准	是 / 否
1. 对外地和进口商品、服务实行歧视性价格或补贴政策	
2. 限制外地和进口商品、服务进入本地市场或阻碍本地商品运出	
3. 排斥或限制外地经营者参加本地招标投标活动	
4. 排斥限制或强制外地经营者在本地投资或设立分支机构	
5. 对外地经营者在本地投资或设立的分支机构实行歧视性待遇	
三、是否违反影响生产经营成本标准	是 / 否
1. 违法给予特定经营者优惠政策	
2. 将财政支出安排与企业缴纳的税收或非税收入挂钩	
3. 违法免除特定经营者需要缴纳的社会保险费用	
4. 违法要求经营者提供各类保证金或扣留经营者保证金	
四、是否违反影响生产经营行为标准	是 / 否
1. 强制经营者从事《反垄断法》规定的垄断行为	
2. 违法披露或者要求经营者披露生产经营敏感信息	
3. 超越定价权限进行政府定价	
4. 违法干预实行市场调节价的商品服务价格水平	
五、是否违反兜底条款	是 / 否
1. 没有法律法规依据减损市场主体合法权益或者增加其义务	
2. 违反《反垄断法》制定含有排除限制竞争内容的政策措施	

续表

<table>
<tr><td>是否违反相关标准的结论（如违反，请详细说明情况）</td><td colspan="2">（可附相关报告）</td></tr>
<tr><td rowspan="2">适用例外规定（在违反相关标准时填写）</td><td colspan="2">是□　　否□</td></tr>
<tr><td>选择“是”时详细说明理由</td><td></td></tr>
<tr><td>其他需要说明的情况</td><td colspan="2"></td></tr>
<tr><td>审查机构主要负责人意见</td><td colspan="2">签字：　　　　盖章：</td></tr>
</table>

7.2.18 《住房和城乡建设部办公厅关于支持民营建筑企业发展的通知》（建办市〔2019〕8 号）

住房和城乡建设部办公厅关于支持民营建筑企业发展的通知

建办市〔2019〕8 号

各省、自治区住房和城乡建设厅，直辖市住房和城乡建设（管）委，北京市规划和自然资源委，新疆生产建设兵团住房和城乡建设局：

为全面贯彻习近平总书记在民营企业座谈会上的重要讲话精神，贯彻落实党中央、国务院支持民营企业改革发展决策部署，现就支持民营建筑企业发展有关事项通知如下：

一、开展建筑市场监管地方性法规、地方政府规章及规范性文件专项清理工作。地方各级住房和城乡建设主管部门要全面排查建筑市场监管地方性法规、地方政府规章、规范性文件，重点对涉及行政审批、市场准入、招标投标、施工许可等的条款或规定进行合法性合规性审查，全面清理对民营建筑企业生产经营活动设置的不平等限制条件和要求，切实保障民营企业平等竞争地位。

二、推进统一建筑市场体系建设。为促进企业公平竞争，民营建筑企业在注册地以外的地区承揽业务时，地方各级住房和城乡建设主管部门要给予外地民营建筑企业与本地建筑企业同等待遇，不得擅自设置任何审批和备案事项，不得要求民营建筑企业在本地区注册设立独立子公司或分公司。地方各级住房和城乡建设主管部门要规范建筑市场管理，优化服务，改善本地区营商环境。

三、优化招投标竞争环境。招标人不得排斥民营建筑企业参与房屋建筑和市政基础设施工程招投标活动，对依法必须进行招标的项目不得非法限定潜在投标人或者投标人的所有制形式或者组织形式，不得对民营建筑企业与国有建筑企业采取不同的资格审查或者评标标准等。各级住房和城乡建设主管部门要加强监管，对招标人的上述行为依法责令改正。

四、推行银行保函替代保证金。除投标保证金、履约保证金、工程质量保证金和农民工工资保证金外，严禁向民营建筑业企业收取其他保证金。对于保留的上述 4 类保证金，推行银行保函制度，民营建筑业企业可以银行保函方式缴纳。未按规定或合同约定返还保证金的，保证金收取方应向民营建筑业企业支付逾期返还违约金。

五、加强诚信评价体系建设。各级住房和城乡建设主管部门在开展建筑企业诚信评价时，对民营建筑企业与国有建筑企业要采用同一评价标准，不得设置歧视民营建筑企业的信用评价指标，不得对民营建筑企业设置信用壁垒。及时清理歧视、限制、排斥民营建筑企业的诚信评价标准。

六、畅通民营建筑企业沟通渠道。各级住房和城乡建设主管部门研究制定涉及民营建筑企业的重大政策措施时，要广泛、充分听取民营建筑企业意见，做好政策衔接与协调；政策实施后，要加强宣传解读，确保措施落到实处。健全投诉举报处理机制，及时受理并处理民营建筑企业的举报投诉，保护民营建筑企业的合法权益。

各级住房和城乡建设主管部门要高度重视支持民营建筑企业发展工作，进一步完善工作机制，创新监管手段，构建统一开放、竞争有序的建筑市场环境，促进民营建筑企业持续健康发展。

中华人民共和国住房和城乡建设部办公厅
2019 年 1 月 30 日

7.2.19　税务票证与发票的区别及税务票证的类别

一、税收票证与发票的区别

1. 税收票证的实质：税收票证是纳税人实际缴纳税款或者收取退还税款的法定证明。政策依据为：《税收票证管理办法》第三条。

2. 发票的实质：发票是税务机关为了防止税源流失而对相应经济行为开具的一种收付款凭证，是计算、缴纳税款的依据。政策依据为：《中华人民共和国发票管理办法》《中华人民共和国税收征收管理法》。

对上述税收票证和发票的实质进行对比分析，可以得出如下结论：对于需要开具发票的业务而言，发票是取得税收票证的前一个环节，没有发票就无法开具税收票证。

二、税收票证的分类及不同类型税收票据间的区别

1. 税收票证包括：税收缴款书、税收完税证明、印花税专用税收票证、税收收入退

还书、出口货物劳务专用税收票证，以及国家税务总局规定的其他税收票证。

2. 常用的不同类型税收票据间的区别：

（1）税收缴款书的实质：是纳税人据以缴纳税款，税务机关、扣缴义务人以及代征代售人据以征收、汇总税款的税收票证。

（2）税收完税证明的实质：是税务机关为证明纳税人已经缴纳税款或者已经退还纳税人税款而开具的纸质税收票证。其适用范围是：

1）纳税人、扣缴义务人、代征代售人通过横向联网电子缴税系统划缴税款到国库（经收处）后或收到从国库退还的税款后，当场或事后需要取得税收票证的；

2）扣缴义务人代扣代收税款后，已经向纳税人开具税法规定或国家税务总局认可的记载完税情况的其他凭证，纳税人需要换开正式完税凭证的；

3）纳税人遗失已完税的各种税收票证（《出口货物完税分割单》、印花税票和《印花税票销售凭证》除外），需要重新开具的；

4）对纳税人特定期间完税情况出具证明的；

5）国家税务总局规定的其他需要为纳税人开具完税凭证情形。

（3）印花税专用税收票证的实质：是税务机关或印花税票代售人在征收印花税时向纳税人交付、开具的纸质税收票证。

对上述三种常用的税收票证的实质进行对比分析，可以得出如下结论：

1）对于进口商品缴纳增值税、消费税等特殊专项业务只能开具税收缴款书。

2）对于缴纳印花税，开具印花税票、税收缴款书、完税凭证三者均可。

3）缴纳税金可以开具完税凭证的情形有：通过横向联网电子缴税系统划缴税款到国库需要取得税收票证；扣缴义务人已经向纳税人开具税法规定或国家税务总局认可的其他凭证，纳税人需要换开正式完税凭证的；纳税人遗失已完税的各种税收票证，需要重新开具的。

4）其他缴纳税金的情形开具税收缴款书。

7.2.20 《住房和城乡建设部关于印发建筑工程施工发包与承包违法行为认定查处管理办法的通知》（建市规〔2019〕1 号）

住房和城乡建设部关于印发

建筑工程施工发包与承包违法行为认定查处管理办法的通知

建市规〔2019〕1 号

各省、自治区住房和城乡建设厅，直辖市住房和城乡建设（管）委，新疆生产建设兵团住房和城乡建设局：

为规范建筑工程施工发包与承包活动，保证工程质量和施工安全，有效遏制违法发包、转包、违法分包及挂靠等违法行为，维护建筑市场秩序和建设工程主要参与方的合法权益，我部制定了《建筑工程施工发包与承包违法行为认定查处管理办法》，现印发给你们，请遵照执行。在执行中遇到的问题，请及时函告我部建筑市场监管司。

中华人民共和国住房和城乡建设部

2019年1月3日

建筑工程施工发包与承包违法行为认定查处管理办法

第一条　为规范建筑工程施工发包与承包活动中违法行为的认定、查处和管理，保证工程质量和施工安全，有效遏制发包与承包活动中的违法行为，维护建筑市场秩序和建筑工程主要参与方的合法权益，根据《中华人民共和国建筑法》《中华人民共和国招标投标法》《中华人民共和国合同法》《建设工程质量管理条例》《建设工程安全生产管理条例》《中华人民共和国招标投标法实施条例》等法律法规，以及《全国人大法工委关于对建筑施工企业母公司承接工程后交由子公司实施是否属于转包以及行政处罚两年追诉期认定法律适用问题的意见》（法工办发〔2017〕223号），结合建筑活动实践，制定本办法。

第二条　本办法所称建筑工程，是指房屋建筑和市政基础设施工程及其附属设施和与其配套的线路、管道、设备安装工程。

第三条　住房和城乡建设部对全国建筑工程施工发包与承包违法行为的认定查处工作实施统一监督管理。

县级以上地方人民政府住房和城乡建设主管部门在其职责范围内具体负责本行政区域内建筑工程施工发包与承包违法行为的认定查处工作。

本办法所称的发包与承包违法行为具体是指违法发包、转包、违法分包及挂靠等违法行为。

第四条　建设单位与承包单位应严格依法签订合同，明确双方权利、义务、责任，严禁违法发包、转包、违法分包和挂靠，确保工程质量和施工安全。

第五条　本办法所称违法发包，是指建设单位将工程发包给个人或不具有相应资质的单位、肢解发包、违反法定程序发包及其他违反法律法规规定发包的行为。

第六条　存在下列情形之一的，属于违法发包：

（一）建设单位将工程发包给个人的；

（二）建设单位将工程发包给不具有相应资质的单位的；

（三）依法应当招标未招标或未按照法定招标程序发包的；

（四）建设单位设置不合理的招标投标条件，限制、排斥潜在投标人或者投标人的；

（五）建设单位将一个单位工程的施工分解成若干部分发包给不同的施工总承包或专业承包单位的。

第七条　本办法所称转包，是指承包单位承包工程后，不履行合同约定的责任和义务，将其承包的全部工程或者将其承包的全部工程肢解后以分包的名义分别转给其他单位或个人施工的行为。

第八条　存在下列情形之一的，应当认定为转包，但有证据证明属于挂靠或者其他违法行为的除外：

（一）承包单位将其承包的全部工程转给其他单位（包括母公司承接建筑工程后将所承接工程交由具有独立法人资格的子公司施工的情形）或个人施工的；

（二）承包单位将其承包的全部工程肢解以后，以分包的名义分别转给其他单位或个人施工的；

（三）施工总承包单位或专业承包单位未派驻项目负责人、技术负责人、质量管理负责人、安全管理负责人等主要管理人员，或派驻的项目负责人、技术负责人、质量管理负责人、安全管理负责人中一人及以上与施工单位没有订立劳动合同且没有建立劳动工资和社会养老保险关系，或派驻的项目负责人未对该工程的施工活动进行组织管理，又不能进行合理解释并提供相应证明的；

（四）合同约定由承包单位负责采购的主要建筑材料、构配件及工程设备或租赁的施工机械设备，由其他单位或个人采购、租赁，或施工单位不能提供有关采购、租赁合同及发票等证明，又不能进行合理解释并提供相应证明的；

（五）专业作业承包人承包的范围是承包单位承包的全部工程，专业作业承包人计取的是除上缴给承包单位“管理费”之外的全部工程价款的；

（六）承包单位通过采取合作、联营、个人承包等形式或名义，直接或变相将其承包的全部工程转给其他单位或个人施工的；

（七）专业工程的发包单位不是该工程的施工总承包或专业承包单位的，但建设单位依约作为发包单位的除外；

（八）专业作业的发包单位不是该工程承包单位的；

（九）施工合同主体之间没有工程款收付关系，或者承包单位收到款项后又将款项转拨给其他单位和个人，又不能进行合理解释并提供材料证明的。

两个以上的单位组成联合体承包工程，在联合体分工协议中约定或者在项目实际实施过程中，联合体一方不进行施工也未对施工活动进行组织管理的，并且向联合体其他方收取管理费或者其他类似费用的，视为联合体一方将承包的工程转包给联合体其他方。

第九条　本办法所称挂靠，是指单位或个人以其他有资质的施工单位的名义承揽工程的行为。

前款所称承揽工程，包括参与投标、订立合同、办理有关施工手续、从事施工等活动。

第十条 存在下列情形之一的，属于挂靠：

（一）没有资质的单位或个人借用其他施工单位的资质承揽工程的；

（二）有资质的施工单位相互借用资质承揽工程的，包括资质等级低的借用资质等级高的，资质等级高的借用资质等级低的，相同资质等级相互借用的；

（三）本办法第八条第一款第（三）至（九）项规定的情形，有证据证明属于挂靠的。

第十一条 本办法所称违法分包，是指承包单位承包工程后违反法律法规规定，把单位工程或分部分项工程分包给其他单位或个人施工的行为。

第十二条 存在下列情形之一的，属于违法分包：

（一）承包单位将其承包的工程分包给个人的；

（二）施工总承包单位或专业承包单位将工程分包给不具备相应资质单位的；

（三）施工总承包单位将施工总承包合同范围内工程主体结构的施工分包给其他单位的，钢结构工程除外；

（四）专业分包单位将其承包的专业工程中非劳务作业部分再分包的；

（五）专业作业承包人将其承包的劳务再分包的；

（六）专业作业承包人除计取劳务作业费用外，还计取主要建筑材料款和大中型施工机械设备、主要周转材料费用的。

第十三条 任何单位和个人发现违法发包、转包、违法分包及挂靠等违法行为的，均可向工程所在地县级以上人民政府住房和城乡建设主管部门进行举报。

接到举报的住房和城乡建设主管部门应当依法受理、调查、认定和处理，除无法告知举报人的情况外，应当及时将查处结果告知举报人。

第十四条 县级以上地方人民政府住房和城乡建设主管部门如接到人民法院、检察机关、仲裁机构、审计机关、纪检监察等部门转交或移送的涉及本行政区域内建筑工程发包与承包违法行为的建议或相关案件的线索或证据，应当依法受理、调查、认定和处理，并把处理结果及时反馈给转交或移送机构。

第十五条 县级以上人民政府住房和城乡建设主管部门对本行政区域内发现的违法发包、转包、违法分包及挂靠等违法行为，应当依法进行调查，按照本办法进行认定，并依法予以行政处罚。

（一）对建设单位存在本办法第五条规定的违法发包情形的处罚：

1. 依据本办法第六条（一）、（二）项规定认定的，依据《中华人民共和国建筑法》

第六十五条、《建设工程质量管理条例》第五十四条规定进行处罚；

2. 依据本办法第六条（三）项规定认定的，依据《中华人民共和国招标投标法》第四十九条、《中华人民共和国招标投标法实施条例》第六十四条规定进行处罚；

3. 依据本办法第六条（四）项规定认定的，依据《中华人民共和国招标投标法》第五十一条、《中华人民共和国招标投标法实施条例》第六十三条规定进行处罚。

4. 依据本办法第六条（五）项规定认定的，依据《中华人民共和国建筑法》第六十五条、《建设工程质量管理条例》第五十五条规定进行处罚。

5. 建设单位违法发包，拒不整改或者整改后仍达不到要求的，视为没有依法确定施工企业，将其违法行为记入诚信档案，实行联合惩戒。对全部或部分使用国有资金的项目，同时将建设单位违法发包的行为告知其上级主管部门及纪检监察部门，并建议对建设单位直接负责的主管人员和其他直接责任人员给予相应的行政处分。

（二）对认定有转包、违法分包违法行为的施工单位，依据《中华人民共和国建筑法》第六十七条、《建设工程质量管理条例》第六十二条规定进行处罚。

（三）对认定有挂靠行为的施工单位或个人，依据《中华人民共和国招标投标法》第五十四条、《中华人民共和国建筑法》第六十五条和《建设工程质量管理条例》第六十条规定进行处罚。

（四）对认定有转让、出借资质证书或者以其他方式允许他人以本单位的名义承揽工程的施工单位，依据《中华人民共和国建筑法》第六十六条、《建设工程质量管理条例》第六十一条规定进行处罚。

（五）对建设单位、施工单位给予单位罚款处罚的，依据《建设工程质量管理条例》第七十三条、《中华人民共和国招标投标法》第四十九条、《中华人民共和国招标投标法实施条例》第六十四条规定，对单位直接负责的主管人员和其他直接责任人员进行处罚。

（六）对认定有转包、违法分包、挂靠、转让出借资质证书或者以其他方式允许他人以本单位的名义承揽工程等违法行为的施工单位，可依法限制其参加工程投标活动、承揽新的工程项目，并对其企业资质是否满足资质标准条件进行核查，对达不到资质标准要求的限期整改，整改后仍达不到要求的，资质审批机关撤回其资质证书。

对2年内发生2次及以上转包、违法分包、挂靠、转让出借资质证书或者以其他方式允许他人以本单位的名义承揽工程的施工单位，应当依法按照情节严重情形给予处罚。

（七）因违法发包、转包、违法分包、挂靠等违法行为导致发生质量安全事故的，应当依法按照情节严重情形给予处罚。

第十六条　对于违法发包、转包、违法分包、挂靠等违法行为的行政处罚追溯期限，应当按照法工办发〔2017〕223号文件的规定，从存在违法发包、转包、违法分包、挂靠的建筑工程竣工验收之日起计算；合同工程量未全部完成而解除或终止履行合同的，自合同解除或终止之日起计算。

第十七条　县级以上人民政府住房和城乡建设主管部门应将查处的违法发包、转包、违法分包、挂靠等违法行为和处罚结果记入相关单位或个人信用档案，同时向社会公示，并逐级上报至住房和城乡建设部，在全国建筑市场监管公共服务平台公示。

第十八条　房屋建筑和市政基础设施工程以外的专业工程可参照本办法执行。省级人民政府住房和城乡建设主管部门可结合本地实际，依据本办法制定相应实施细则。

第十九条　本办法中施工总承包单位、专业承包单位均指直接承接建设单位发包的工程的单位；专业分包单位是指承接施工总承包或专业承包企业分包专业工程的单位；承包单位包括施工总承包单位、专业承包单位和专业分包单位。

第二十条　本办法由住房和城乡建设部负责解释。

第二十一条　本办法自 2019 年 1 月 1 日起施行。2014 年 10 月 1 日起施行的《建筑工程施工转包违法分包等违法行为认定查处管理办法（试行）》（建市〔2014〕118 号）同时废止。

7.2.21 《全国人大法工委关于对建筑施工企业母公司承接工程后交由子公司实施是否属于转包以及行政处罚两年追诉期认定法律适用问题的意见》（法工办发〔2017〕223 号）

全国人大法工委关于对建筑施工企业母公司承接工程后交由子公司实施是否属于转包以及行政处罚两年追诉期认定法律适用问题的意见

法工办发〔2017〕223 号

住房和城乡建设部办公厅：

你部关于建筑施工企业母公司承接工程后交由子公司实施是否属于转包以及行政处罚两年追溯期认定法律适用问题的请示（建法函〔2017〕227 号）收悉，经研究，提出以下意见，供参考：

一、关于母公司承接建筑工程后将所承接工程交由其子公司实施的行为是否属于转包的问题。建筑法第二十八条规定，禁止承包的全部建筑工程转包给他人，禁止承包单位将其承包的全部建筑工程肢解以后以分包的名义分别转包给他人。合同法第二百七十二条规定，发包人不得将应当由一个承包人完成的建设工程肢解成若干部分发包给几个承包人。承包人不得将其承包的全部建设工程转包给第三人或者将其承包的全部建设工程肢解以后以分包的名义分别转包给第三人。禁止承包人将工程分包给不具备相应资质条件的单位，禁止分包单位将其承包的工程再分包。建设工程主体结构的施工必须由承包人自行完成。

招标投标法第四十八条规定，中标人不得向他人转让中标项目，也不得将中标项目肢解后分别向他人转让。中标人按照合同约定或者经招标人同意，可以将中标项目的部分非主体，非关键性工作分包给他人完成，接受分包的人应当具备相应的资质条件，并不得再次分包。上述法律对建设工程转包的规定是明确的，这一问题属于法律执行问题，应当根据实际情况依法认定、处理。

二、关于建筑市场中违法发包，转包，分包，挂靠等行为的行政处罚追溯期限问题，同意你部的意见，对于违法发包、转包、分包，挂靠等行为的行政处罚追溯期限，应当从违法发包.转包、分包、挂靠的建筑工程竣工验收之日起计算。合同工程量未全部完成而解除或暂时终止履行合同的，为合同解除或终止之日。

特此函复。

全国人民代表大会常务委员会

法制工作委员会

办公室

2017年9月4日

7.2.22　违约金与增值税价外费用

在项目管理过程中涉及的土地赔偿、违约罚款等疑难业务处理，很多都是利用的增值税价外费用和违约金相关理论解决的，因此真正弄清楚增值税价外费用非常有意义，下面对违约金和增值税价外费用作具体解读:

1. 违约金与价外费用的界定

（1）结论

1）在合同执行之前发生的违约金，属于税务上的违约金范畴，无须提供增值税发票，只要提供协议、法院文书等相关证明资料即可入账，也无须所得税纳税调整。

2）在合同执行过程中发生的违约金，原则上属于增值税价外费用的范畴，需要开具增值税发票，否则不允许所得税前抵扣。但若确实不能取得发票，也可以依据法院判决书、仲裁书所得税前列支，但存在一定的风险，需要得到税务机关的认可，需要与税务机关做好沟通。

（2）理论依据

1）政策法规分析

《中华人民共和国增值税暂行条例》第十九条对纳税义务时间规定如下:“发生应税销

售行为，为收讫销售款项或者取得索取销售款项凭据的当天；先开具发票的，为开具发票的当天。”

发生纳税义务的前提是发生销售行为，对应《中华人民共和国增值税暂行条例》第一条可以得出销售行为是指：在中华人民共和国境内销售货物或者加工、修理修配劳务（以下简称劳务），销售服务、无形资产、不动产以及进口货物。

2）理论推理分析

从增值税征税范围的定义上分析，属于增值税应税行为要同时具备境内、有偿、属于经营活动且为他人提供这三个条件。若经济活动的业务内容是偶然事件，不是为了实现经济活动的商业目的获得的补偿，针对获得收益一方而言该经济行为不属于其经营活动，不满足增值税征税范围的条件，如青苗费补偿、征地费补偿。

2. 增值税价外费用解读

（1）首先，看几个文件政策，得出增值税价外费用的范围。

1）《增值税暂行条例实施细则》第十二条规定：

价外费用，包括价外向购买方收取的手续费、补贴、基金、集资费、返还利润、奖励费、违约金、滞纳金、延期付款利息、赔偿金、代收款项、代垫款项、包装费、包装物租金、储备费、优质费、运输装卸费以及其他各种性质的价外收费。但下列项目不包括在内：

① 受托加工应征消费税的消费品所代收代缴的消费税；

② 同时符合条件的代垫运输费用；

③ 同时符合条件代为收取的政府性基金或者行政事业性收费；

④ 销售货物的同时代办保险等而向购买方收取的保险费，以及向购买方收取的代购买方缴纳的车辆购置税、车辆牌照费。

2）《财政部 国家税务总局关于全面推开营业税改征增值税试点的通知》（财税〔2016〕36 号）附件 1《营业税改征增值税试点实施办法》第三十七条规定：

价外费用，是指价外收取的各种性质的收费，但不包括以下项目：

① 代为收取并符合本办法第十条规定的政府性基金或者行政事业性收费。

② 以委托方名义开具发票代委托方收取的款项。

从分析 1）、2）政策文件可得出如下结论：代收款以外的其他所有合同价外收取的费用，只要该费用依附于该增值税经济行为即可。再说得直白一点，就是：除代收款以外的，所有依附于增值税业务的额外收费都属于价外费用。

（2）判断经济利益的流入是否属于价外费用要注意把握以下几个要点：

1）从方向上看，价外费用一定是销售方向购买方收取的，也就是价外费用必须是买方支付给卖方的。

2）从从属关系上看，价外费用一定是依附于价款，没有价款，也就不存在价外费用的概念，皮之不存，毛将焉附。

3）从内容上看，除了文件规定列举的除外项目之外，销售方向购买方收取的各种性质的收费，都可归于价外费用的范畴。

（3）价外费用和价款合称为增值税的“销售额”，它是增值税销项税额或者应纳税额的计税依据。

（4）价外费用和价款在税目确定方面，具备同质性，也就是说，不管价外费用是属于什么性质的收费，它都应当和价款选择同一个税目计缴增值税，使用同一个编码开具发票。

如A向B销售货物一批，适用税率为17%，合同约定的含税价款117万元，因B延迟付款向A支付利息11.7万元，则A收到的128.7万元应当全部按照17%计税，开具发票时，选择货物对应的编码，金额为110万元，税额为18.7万元。

（5）会计核算方面，是计入营业支出还是营业外支出目前没有严格的界定，但大多数专家的观点是：不宜直接把销售额全部计入营业收入，而应当根据会计准则的规定，结合业务实质进行职业判断。一般而言，价款部分可以计入主营业务成本，价外费用则应具体情况具体分析，如利息费用应计入财务费用，违约金、赔偿金、滞纳金应计入营业外支出，包装物租金等计入其他业务支出。